从卡内基到常春藤

——好性格让孩子受用终生

谷永青　陈　彧　著

青岛出版社
QINGDAO PUBLISHING HOUSE

好性格让孩子受用终生

中文卡内基训练之父　黑幼龙

大多数的书序是赞美该书是多么精彩，或词句用得多美，而我此刻为《从卡内基到常春藤》写序，却是带着一种感动、欣喜的心情，非常荣幸能为作者母女二人做见证。

谷永青是我在青岛卡内基训练的第一班的学员。她的女儿陈彧是青岛卡内基青少年班的学员。妈妈很开朗，极具个人魅力。陈彧却显得有些内向，沉默寡言与羞涩，就像我们常见的那种文静型女孩一样。

但陈彧自从接受了卡内基训练，发生了很大的变化，她好像整个人都不一样了。她常常展露灿烂的笑容，一举一动都充满自信。她开始擅长沟通，喜欢与人交往，越来越积极主动，无论在家里，还是在学校都充满热忱。

看到陈彧这种脱胎换骨的改变，夏明杰老师和我都高兴万分，相信她的母亲一定更开心。有一年陈彧跟随中国学生代表团，远赴美国参加全美模拟联合国大会。现场有几十个国家的学生代表，面对这么隆重的大场合，一般的学生都会相当胆怯，可能大人也会害怕，但陈彧满怀自信地与其他国家的学生代表交谈。在会议期间，她主动发言，据理力争。 她不仅让同团的同学刮目相看，也让很多欧美国家的学生印象深刻。

当然，更引以为荣的是她的母亲，还有就是卡内基训练了。巴菲特说卡内基训练改变了他的一生，相信陈彧与她母亲也有类似的感觉。

心理学家荣格说，性格会决定一个人的命运。他没有说学问会决定命运，也没有说埋头苦干就会成功。为什么？

原来人生不只是工作、赚钱。书念得好，进了名校，丝毫不能保证他的家庭生活会美满。他的社交活动和好朋友数量也与学历没什么关联。甚至从名校毕业，有了一份令人美慕的工作后，沟通能力、人际关系、热忱、自信等依然是他继续发展所必需的能力。

我们能给孩子的最珍贵的礼物，就是帮助他养成好性格。这种性格会让孩子终生受用，并将其用于工作、家庭、生活等多个方面。

好消息是，一旦性格变得开朗，充满自信与热忱，孩子的学业也开始好起来了。谷永青的孩子就是活生生的例子。我的四个孩子后来书也念得很好。

我想这也是本书作者愿意分享从卡内基到常春藤的原因。谨于此献上对作者与读者的祝福。

学会建立沟通的家庭文化

美国卡内基训练山东区董事长　夏明杰

这是我有生以来第一次为一本书写序，真不知道该写些什么。

认识谷永青，是 2003 年 10 月的事情。她来报名参加卡内基训练在青岛开的第一个班（沟通与激励领导力班）。该班由黑幼龙先生亲自讲授，课程时间是两天，收费 6000 元人民币。这个班在 2003 年价格不菲，后来我才知道谷永青是自费参加学习的，可见她对于学习成长的渴望和积极的人生态度。后来，谷永青又自费参加了卡内基其他几门课程。到如今，我们已经是老朋友了。2013 年，我们还一起相约去了西藏。认识陈彧是因为她被妈妈送来参加卡内基青少年班的课程。我记得是在陈彧小学毕业的时候，那时她可真是个黄毛丫头，弱弱的，像一只乖乖的小猫。我是她的讲师。如今陈彧已经是著名的美国德勤咨询公司的一名咨询顾问了，只能感慨时间过得太快了。

谷永青一直对卡内基训练心存感激，特别是她把陈彧的成长归功于卡内基训练，所以这本书的名字被她定为《从卡内基到常春藤》。作为美国卡内基训练山东区的负责人，我真的不敢贪功（不是不想！）。因为陈彧的成长，确实不能完全归功于卡内基训练，而良好的家庭环境才是最根本的因素。

各位读者，为什么要花钱买上这本书，并且要花费时间来读呢？

我觉得有以下三个理由：

一、良好的家庭环境是孩子成长的第一要务

孩子好比是一粒优良的种子，您把种子种在铁板上，它是永远不可能开花结果的！只有种在肥沃的土地上，它才有开花结果的可能。而家庭环境就如同这肥沃的土地。

二、与孩子沟通好不好，责任在家长

孩子的意见不可能永远和大人一致。特别是随着孩子长大，他会有自己的意见，有自己的见解。我们千万不要用听不听话来衡量一个孩子。出现意见分歧怎么办？要靠良好的沟通。这个沟通好不好，家长应该是主要责任方。您可以管理好一家公司，但不一定能够管理好自己的情绪，所以控制态度的能力尤为重要！

三、学会尊重彼此

我们经常讲，家庭是讲爱的地方，不是讲理的地方。我更想说，家庭应该是讲尊重的地方。因为尊重比爱更重要。

孩子成长三部曲：小学毕业前，父母做孩子的玩伴；高中毕业前，父母做孩子的朋友；高中毕业后，孩子已经成人了，父母只能做孩子的顾问。这就是中文卡内基训练之父黑幼龙先生的育儿经。

就在前几天，我在青岛乘坐 11 路公交车回家。车上的人不多不少，座位已经全部坐满，有少部分人站着。有人下车，有一个大约初三或高一年级的女孩快速地抢到了座位。这个女孩长得还真不赖，戴着太阳镜，嘟噜着个脸，眼睛看向窗外。有一位中年妇女，一只手提着东西，站在这个女孩子旁边。我看到她伸手摸了一下女

孩子的脸颊，被女孩子一巴掌打了回去。

看到这一幕，我的心一下子被揪起来了。不得不说，这是家庭教育的失败。

搞明白了家庭教育的目的，我们就不会为孩子读什么样的学校、考了多少分而困扰。因为是性格决定命运，而不是学校、学历、分数决定一个人的命运。一旦明白这样的道理，我们就懂得应该怎样培养孩子和要把孩子培养成什么样子了！

此书能为我们培养孩子的好性格及建立幸福家庭带来许多启发，确实值得一读。

以此为序。

尊重 · 带动 · 激励

青岛二中校长　孙先亮

　　与谷永青女士相识是在参加卡内基训练期间。短短几天的培训，她作为学长给我留下很深刻的印象。因为她在与我们的交流中，少了成功女人的霸气与傲气，多了一分平静的优雅与谦逊。

　　那几天，因为她的女儿陈彧对于进入青岛二中读书充满了期待，所以我们之间就有了关于教育话题的交流。交谈中我得知，她出于对卡内基的培训理念和方式的认同，在女儿刚上初中时就把女儿送到卡内基青少年班。从这个事也可以看出，谷永青女士不仅是一位事业成功的女性，而且是一位对孩子教育特别用心的母亲。孩子能够有今天这样的发展高度，与她的教育密不可分。后来孩子通过考试顺利考入了青岛二中。

　　作为二中的学生家长，谷永青女士对于孩子的要求是非常严格的，也是对孩子充满期待的。那时我们虽然保持联系，但是她从来没有为孩子竞选干部、参加社团或者学习等提过什么"特殊要求"。陈彧在二中担任校学生会副主席，参加模拟联合国社团，都是通过竞争获得的。陈彧在二中期间，不管是学习生活还是参与社团，不管是学习成绩还是能力发展，都体现出了自身的良好品质和素养。

陈彧在决定留学时，我给孩子写了一封推荐信，这算是我对于孩子在二中三年所能给予的一次帮助吧，这是一个校长对于自己弟子发自内心的帮助。后来，陈彧终于如愿以偿地进入了康奈尔大学。

说这些，并不是流水账式地记录一段缘分，而是想以此告诉读者，其实家长是孩子的第一任老师，孩子的优秀与家长的自身品质以及家长对孩子教育过程中的适当放手，有着很大的关系。谷永青女士严格自律，让孩子用自己的努力去争取发展机会。

如今，我们处在一个自媒体的时代，每个人都有表达自己的机会，每个人都有张扬和展示自己思想的平台，很多人因此激发出写作的冲动与热情。我认为，一本好的家庭教育书籍应当体现出家庭教育的独特价值、创新价值和思想价值，应当具备这样的特点：真诚地尊重孩子，充分信任孩子并鼓励孩子尝试，为孩子的发展提供机会和平台。《从卡内基到常春藤》这本书并非教育专家的作品，却让我看到了专业的素养。这本书有以下三个方面值得教育工作者和家长学习：

一、尊重孩子，让孩子做出判断和选择

在家长看来，这一点不是一个多么大的问题，但是能够真正做到这一点的家长其实并不多。家长通常认为孩子还小，什么事情都不懂，所以遇到事情时，孩子只能听从家长的安排。因为有了这样的想法，孩子基本被排除在家庭生活之外，不管是家庭中的小事还是大事，孩子都没有发言权。

其实，孩子的成长过程就是在生活当中不断历练的过程，只有让孩子不断地经历风雨、见世面，孩子才能日益独立起来，自主意识才能不断增强，思想才能日益成熟。作为家长，谷永青女士也许更加清楚这一点，所以在孩子与什么样的小朋友交往这样的问题上，能够充分尊重孩子的意见和想法。从这里开始，就给孩子种下了一

颗自主成长的种子。书中的很多案例都能体现出她对孩子的尊重，让孩子在自主意识的指引下，去做出判断、决策，并由此行动。

家长都非常希望自己的孩子活得有尊严，家长尊重孩子，正是孩子拥有尊严的重要前提。因为只有如此，孩子在发展过程中才能形成健康的人格，有积极向上的人生追求。尊重孩子也能够让孩子学会尊重别人，尊重别人的意见和建议，尊重别人的人格，尊重别人存在的价值，养成对他人尊重的性格和品质。

二、带动孩子，以自身的品质来影响孩子

我们常说："身教重于言教。"家长无形中的行为对孩子的影响也许比说教更深远。孩子在长大的过程中，许多行为都是通过模仿他人形成的。成人不经意间的言行，都可能触发孩子模仿和学习的灵感，从而对孩子产生深远的影响。成年人在分析判断事物时，是非标准中往往带有功利色彩，但是对于孩子而言，快乐和兴趣是主导孩子思考和做事的前提。

在从事教育的过程中，我常常发现，那些崇拜父母的孩子更容易从父母那里获得发展的正能量。父母并不一定是事业做得轰轰烈烈的人，但一定是对于事业拥有热情和激情的人，甚至是有生活品位的人。在我看来，谷永青女士就是一个有事业追求和生活品位的人。她不仅懂得"言传"的作用，而且懂得"身教"的意义，"活出自己的人生是最好的言传身教"，让自己成为孩子的榜样，让孩子在这样的家庭教育环境中，获得积极的价值观影响、引导和支持。

三、激励孩子，让孩子在追求中提升自我

有的家长爱追求"十全十美"的意识，形成了教育过程中的"补短"意识，总是看到自己孩子的短处，并且想尽办法去努力解决孩子的所谓"短处"。这样的后果就是孩子对自己没有信心，担心失

败，不敢尝试任何新的事情，做事总是优柔寡断。

孩子的正常成长过程就是一个由不完美到完美、由不成熟到成熟的过程，因此，真正的完美是不存在的。优秀的家长总是不断地鼓励孩子，让孩子去尝试探索新的事物，逐步让孩子实现自我的超越。作为母亲，谷永青女士非常懂得这一点，既不断纠正孩子的错误，又让孩子慢慢克服自卑。

在前些年的教育中，出现了所谓的"挫折教育"和"赏识教育"的教育模式和争论。事实上任何模式化的教育都是对于人生成长的曲解，都无法完全真实反映孩子成长发展的过程。多鼓励和激励孩子，就是让孩子走出自我、挑战自我。谷永青女士深谙此道，所以在陈彧的成长发展中，她不是不拿自己孩子与别人比较，而是更明白要看到自己孩子的优点或长处。我始终认为扬长的教育更能够让孩子有好的成长氛围和土壤。

德国哲学家雅斯贝尔斯说："真正的教育是用一棵树去摇动另一棵树，用一朵云去推动另一朵云，用一个灵魂去唤醒另一个灵魂。"生活中时时处处有教育，源于生活的教育，达到了"道法自然"的境界。家长走进孩子的心灵，才能真正找到开启孩子心灵的钥匙，也才能真正"唤醒另一个灵魂"，从而让教育变得更加有效。《从卡内基到常春藤》这本书真正给予我们的，也许就是这样看似简单却又深刻的道理。

文化与修养

燕定美中教育董事长　高燕定

　　初次见到本书的作者谷永青女士和她的女儿陈彧是 2011 年寒假在北京中关村燕定美中教育的办公室里。我正是陈彧在本书《重要的是加速度》那篇里提到的"据说特别厉害的留学老师"。陈彧那年刚上高二，咨询赴美读本科，并且决定暑假在这里参加美国 SAT 考试的培训。经过学习，她于当年 10 月初参加考试，成绩从几个月前的 1920 分提高到令人咂舌的 2320 分，她的"加速度"实在太快了！这个成绩大约是全美和世界考生的前 1%。SAT 是美国名校入学必要的考试，分为阅读、数学和语法三部分。中国学生的数学没问题，难度在于阅读和语法。

　　陈彧在 2012 年暑假后赴美去康奈尔大学就读，期间在专业和实习方面和我有过几次交流。后来，在 2013 年暑假，我邀请她到燕定美中教育机构教 SAT 阅读与语法。我请陈彧教 SAT 并不是因为她考出过很高的分数。其实我有好多位学生都考出了 2300 多分的成绩，她的分数并不是最高的。我对她特别欣赏是出于我对她细致观察的结果。我长期从事教育与咨询，见过很多学生，阅人无数，我相信我对人有很准确的判断力。我选择她的原因是：靠谱！

我给她这个实习生的工作是：暑假连续工作 6 周，每周工作 6 天，每天工作 8 小时。每天上课时间 5 小时，其余为 office hour（办公时间），在办公室答疑以及批改作文，每周报酬为 1000 美元。这样的报酬相当于大学毕业生正式工作后薪水的四五倍。在此之前，我并没有听过她讲课。请一位我没有听过课的大一学生为我这个高端培训项目讲课是不是太冒险？好在她讲课的这个班不是专门招的班，而是作为另一个高水平的 SAT 百套考题班的补充。

我和陈彧约定，请她开课前一天报到，我和美籍老师一起听她试讲，给她提建议。在那天晚上 7 点，她开始试讲，我一边听，一边不时打断她。我注意到，无论我提出什么样的大小问题，她都停下来，用笔在她的教案中做记号，记下我的意见。美籍老师听了一个多小时便回去了，我继续听她讲，这个试讲一直持续到晚上 11 点多，直到我也不好意思继续下去为止。在三四个小时的试讲时间里，她一直保持认真的态度，没有一丝不耐烦。最后，我对她说："与那个有名气的美籍老师比，你是一个未知数，我不知道会有多少学生愿意来听你的课。无论有多少学生，你都要当作全场坐满了学生。我在教室的后面安排了一台摄像机，我希望摄像视频中的你永远在最好的状态下授课。"那位美籍老师自从到任以来，连续几年，每天上课的教室后面都有一台摄像机对准他录制教课实况。我很满意我发明的这个保证教学质量的好方法。

在我们的动员下，第一天大约有 10 位学生抱着尝试的心态来上她的课。陈彧以登台表演的姿态，用淡妆加简洁美丽的连衣裙形象出现在课堂上。我坐在台下听了半个多小时，终于松了口气。第二天上课人数是昨天的两倍。蜂拥而来的学生是为了看美女还是为了上课？暑假对于很多学生而言是"高考"前的最后冲刺，我的学生们大都是刻苦好学的，时间对于他们无比宝贵，听课人数不断增加只能说明教学质量好。我按捺不住自己的欣喜，一天下班前，我邀请陈彧一起吃晚饭，没想到竟然被她拒绝！理由是她在晚上必须备课，没时间。我给暑假实习的大学生提供酒店公寓的住宿。与她同住一间的另一位实习生"投诉"说，陈彧教学太用心了，每天下班回到酒店公寓，做完晚饭与室友共用晚餐后，就静静地坐在桌前备课，直到午夜，天天如此。那位实习生在屋里不敢说话，不敢开电视，不敢打电话。她说，原来牛人就是这样造就的！

陈彧每天出现在教室都会换一套新衣服。她来北京之前我并没有告诉她，每天都有一台摄像机对着她，录下她的形象和她的每一个动作和语言。家在青岛的陈彧来北京时怎么就带来一大箱子漂亮的衣服，一天一套，美美地把教室当舞台了呢？我在美国工作生活了21年，了解美国大公司里的职员是很重视形象的。针对我公司员工的着装，我总得不时地提醒，他们的形象代表公司的形象，高素质公司的职员在每个方面都必须表现出高素质。然而，对于大一实习生身份的老师，我感觉不必苛求。

最近读到谷永青女士的书稿，我了解到，谷女士认为，对于女孩来说，外表美至关重要，漂亮的女孩有先天的优势，如果先天不足，后天也要想法弥补。陈彧小时候，谷女士把她打扮得像小公主。陈彧在三岁时就是一个爱美的女孩。陈彧大一暑假回国后，深信"美是一种竞争力"的谷女士还带陈彧去见了她的形象顾问，学习化妆、服装四季色彩理论，做了色彩鉴定，从妆容、配饰、发型到着装，有了一整套打扮的科学依据。这位重文化、有修养、在女儿眼中是"文艺女中年"的妈妈信奉契诃夫的理论：人的一切都应该是美的，包括容貌、服装、心灵和思想。谷女士不仅实践"活出自己的人生是最好的言传身教"，从小送女儿学钢琴、画画、舞蹈、书法、跆拳道，一方面是为了提高她的综合素质，另一方面也在试探女儿在哪个方面可能感兴趣、有天赋。

卡内基先生说过："一个人要成功，20%靠知识，80%则要靠人际关系和与人交往的能力。"谷女士非常相信这一点。她参加过卡内基训练，大大提高了沟通能力、演讲能力，切身体会到了这个有着百年历史的训练，对挖掘人的潜能、提升自信有很大帮助。谷女士在女儿小升初的那年暑假，送给女儿一份礼物——为她支付了4500元学费，送她去卡内基青少年班受训。训练内容包括陈彧在本书中提到的"要在一分钟内讲个故事，同时故事各部分（开头、高潮、结尾）的长度要严格卡在限定时间段里"。我注意到，陈彧在教授 SAT 时，根据课程内容穿插一些生动有趣的"一分钟故事"，既节省时间，又改善授课效果。

不过，我绝对不是因为陈彧"20% 的知识，80% 的人际关系和与人交往的能力"就贸然高薪请她来讲课的。陈彧在书中讲到，她学习 SAT 时，如同钻牛角尖一般，分析每篇文章，把每个生词的翻译写在旁边。她用红笔标得满篇缭乱，就换蓝笔。"当时我们每人都有一本官方的 SAT 指南，却从没有人错拿过我的，每张被我'钻研过'的书页，都因为我来回翻看而有些发乌，书的侧面灰一半白一半。在北京的那六个月里，我看着那本能砸死人的大厚书从半灰半白变成了全灰，而后变成墨色。同样的，老师发的 3500 张巴朗词汇卡原本锐利得能划破手指，后来被我摸得愈加圆润。"也许正是一年前我在教室里不经意地看到了她那本黑黑的"能砸死人的大厚书"，给我留下了极深的印象，也成为我请她来教学的原因之一。

学生们口中"既漂亮又讲得好"的陈彧，学生越来越多，等到她开课两个星期后，教室里的 40 多个座位全坐满了！

暑期末，我在上百位学生的欢呼声中授予陈彧"优秀教学奖"的奖杯，同时将一部最新款的索尼超薄笔记本电脑作为奖品，以表彰她卓越的教学表现。我很想让她留下那本用红蓝笔做满各种笔记的 SAT 官方指南，最后还是没好意思开口。

本书收录了一对有文化、重修养的文艺母女在文化与修养方面的对话。她们之间亲密的对话为我们展现了一幅完整的母女互相勉励、共同进步的画面。

在这个画面中，我们看到，谷女士不仅没有女儿出国留学造成的空巢失落，反而让自己的生活变得更加丰富多彩。我们也看到，陈彧不仅成长为自由地行走于中西方的高素养新女性，而且正如一颗新星，"脱离了地球的引力，像一个真正的行星一样，向宇宙出发了"。

写在前面的话

谷永青

我是一个十分重视孩子教育的妈妈，由于职业生涯中多半时间与文字打交道，渐渐地养成了爱思考、爱记录的习惯。在抚养孩子的十几年中，我陆陆续续地写下了一些育儿笔记，很不系统，现在保留的笔记主要是我在孩子上了初中以后写的，之前的记录搬家时弄丢了。孩子出国留学后，我整理书橱，翻出这些笔记，感慨良多，决定整理一下将来留给女儿看。

一次与女儿的高中校长孙先亮先生交流，他说我把女儿培养得这么好，应该写本书，让更多的家长学习成为孩子的好老师；我的家人也鼓励我，让我写出来给亲人们看看，让我们家的后代都能像陈彧这样；卡内基的夏明杰老师更是多次鼓励和支持我，他说我这样做能帮助更多的人，是件大好事。在这么多至爱亲朋的鼓励下，我最终下定决心将自己的育儿笔记正式出版。

由我这个非教育专业人士来写本教育孩子的书，说实话，我的理论功底是不够的，写作过程中几次打退堂鼓，但真要放弃时，心中还是有些不舍。天下的女人都有可能当妈妈，绝大多数女人是不懂教育理论的，生孩子后要出于本能地养育他、教育他，而不是有了教育理论后才当妈妈来教育孩子，大都是先实践（先当妈），再学理论（遇到问题学习），再回到实践（用理论指导实践）。教育家的孩子未必都是成功的，非教育专业人士的孩子成功的比比皆是。从这个角度想问题，我释然了。

当今社会正处于分享经济的时代，分享不仅仅是转发别人的东西，也是把自己的经验贡献给大家。我把自己在养育孩子过程中的想法、做法分享给大家，不是为了指导别人，不是为了教育别的家长，因为我没这个资格，有很多更优秀的妈妈，她们做得比我好，她们的孩子比我的孩子更优秀，只是她们没有写出来罢了。

一个人来到这个世界上，大多数寿命不过百年，就像一颗流星划过天际。古往今来，数不清的生命像流星雨一样划过了星空，无声无息，无踪无影。我们如今生活的社会之所以让我们热爱、留恋，是因为无数的前人为了人类的进步和文明贡献了他们的聪明才智。虽然我是一个渺小的人，但我也想为这个社会贡献一点光和热，给这个世界留下一点点有价值的东西。

我是在20世纪60年代出生的人，保尔·柯察金是我在价值观形成阶段的偶像之一。我斗胆借用一下保尔的话。人最宝贵的是生命，生命对于每个人只有一次，人的一生应当这样度过：当我回忆往事的时候，不会因为虚度年华而悔恨；也不会因为碌碌无为而羞愧，当我临死的时候（但愿我那时还能思考），我能够说，我为这个世界留下了一本书，贡献了一点点微不足道的正能量，也许给需要的人一点帮助。

我怀女儿的时候看过一本小说，小说的主角叫南彧，我不认识"彧"字，查字典知道是有文采的意思，我希望自己的孩子将来有文采，于是给女儿取名"彧"。我的心中一直有一个作家梦（详见书中《五十岁以后为自己活》），出一本书是我的一个梦想。虽然之前出过一本《情传万家 万家传情》，但那完全是出于工作目的，是为了宣传公司的服务品牌而写。当下是一个互联网媒体时代，出书不再是权威人士的专利，像我这样的草根一族终于也有机会把自己的观点发表出来，也算是圆自己的一个"作家梦"吧。

圆自己的"作家梦"花费的时间广义上讲是十八年，狭义上讲是五年，五年中除了自己艰苦写作外，还得到了许多人的帮助，在此我要表达我的感谢。

首先要感谢的是本书作者之一，我的女儿陈彧。感谢她同意我把她性格中的软弱、胆怯、自卑公之于众，让人们看到她的另一面，就像优雅的天鹅那双在水下使劲划拉的不太优雅的脚蹼。感谢她为了配合我，在紧张的学习之余挑灯夜战赶写书稿，她的文章为本书增光添彩。我不得不承认，她的文章比我的有文采，这也是我期望的结果，所谓"长江后浪推前浪，前浪死在沙滩上"。

感谢为本书作序的黑幼龙、夏明杰、高燕定、孙先亮先生，他们不仅是我和陈彧共同尊敬的师长，而且在陈彧几个人生关键时期、不同方面给予了陈彧重要的帮助。在接到我请他们作序的电话后，他们没有推辞，百忙中写出热情洋溢、充满真情实感的文字。尤其是夏明杰先生，他不但是我和陈彧的良师益友，而且在我写书的五年中，始终支持我、鼓励我，给我极大的信心。

感谢我的朋友宋星先生，他在我出书遇到挫折的时候鼓励我，帮助我，让我有勇气重新拾起笔从头再来。我还要感谢青岛出版集团的孟鸣飞董事长，他是我的伯乐。感谢本书的责任编辑尹红侠女士，为本书锦上添花。

要感谢的人还有很多，由于篇幅有限，在此就不一一列举了。

最后我要再次声明，本书是一位母亲养育女儿的心得体会，并非专业的教育理论书籍，书中的一些观点是针对自身情况，难免偏颇，期待与广大家长共同探讨培养孩子的方法，让我们的后代青出于蓝而胜于蓝。

目录
CONTENTS

·上篇·
妈妈篇

第一章　童年篇

"懒"妈妈

　　每个妈妈都有一套自己的教子方法，这些方法在她自己看来是顺其自然、理所应当的，但在外人看来有时是不可理解的。

　　那年嫂子到我家给即将出国留学的女儿送行，问我东西都准备齐了吗。我说不太清楚，大概齐了吧，都是陈彧自己准备的。说着，我们来到女儿房间，桌上放着一张女儿制作的出国行李备忘表，上面写着应带的东西，已经准备好的在备注栏里标明放在哪个行李箱里；还没准备好的，备注栏写着截止日期。嫂子说："陈彧真行，自己打理自己的东西。真佩服你教子有方，过去我还误解过你呢。"

　　嫂子说起了曾经在我家看到的一幕。在陈彧三四岁时，嫂子来家做客，晚饭后我们坐在客厅里聊天。我抬头看时针指向八点，就跟坐在地板上自己玩玩具的女儿说："宝宝，你该洗洗睡觉了。"女儿虽然不情愿，但还是收拾起玩具，把玩具放进她的百宝箱里，然后把箱子放在柜子里，到卫生间去刷牙、洗脸。

在孩子做这一切时，嫂子不时提醒我去看看孩子。我嘴上答应着，屁股却一动未动。嫂子不放心，自己去看了看。她看见孩子因个头矮，站在小凳子上面洗漱，洗完后，关上卫生间的灯，跟我俩道了晚安，到房间里睡觉了。过了一会儿，嫂子悄悄走进她的房间里，看见女儿已经睡着了，而且把脱下的衣服叠得整整齐齐，放在枕头边上，最上边是袜子，最下面是外衣。嫂子说当时心想，孩子这么小就自己干这些事， 这个小姑子真够懒的。说完此事，嫂子说这些年看着陈彧一天天长大，越来越懂事，自理能力越来越强，才理解了我那时的做法。

教育专家詹姆斯博士说，家长处处为孩子包办代替，是一个满分的家长，但绝对不是一个合格的家长，他们的"爱"就像一把双刃剑，刺疼了孩子，也害了孩子！

爱孩子是母亲的天性，为了孩子，母亲甘愿辛苦、忘我地包办孩子的一切，让孩子衣来伸手，饭来张口。可家长的全力付出，在孩子身上能收到 100 分的效果吗？显然不一定。因为家长事事替孩子考虑好了，他一遇事就会想到家长，天长日久，渐渐丧失锻炼自我的机会。

女儿在两三岁时有了自我意识，整天跟在我后面，我干什么，她也要干什么。我洗衣服，她也要洗，弄得满地是水；我包饺子，她要玩面团儿，搞得脸上、身上净是面粉。这个阶段的孩子会有强烈的"自己来"的欲望，具体表现就是不断地说"要""不要""我自己来"，开始变得不那么百依百顺。孩子的这些表现就是在告诉我该"放手"了，可以让她做一些力所能及的事情，我则可以偷点"懒"了。

吃饭训练

我先从吃饭上训练女儿。女儿一向胃口不好。有一天吃饭时，我只是简单地叫女儿吃饭，然后自顾自地吃起来。女儿见我没有像过去一样逼她吃饭、为她夹菜，很是高兴，吃了几口就说饱了。我说："你真的饱了吗？那从现在开始到晚上，再饿了可没有东西吃了。"我真的狠心把家里的零食清除干净。结果当天下午她到处找零食也找不到，只好哭着找我要吃的。我说："饿的滋味不好受吧？以后吃饭要吃饱些，省得饿得难受。"反复几次，我们不用再为她的吃饭问题烦心了。因为她知道吃饭是自己的事，自己负责，妈妈不管。

穿衣训练

吃饭训练初战告捷，我开始训练女儿独立穿衣的能力。之前女儿把脱下的衣服扔得东一件、西一件，满床都是。我向女儿的幼儿园老师请教。老师说："我们马上教给小朋友怎么穿衣、脱衣、叠衣服，你回家配合观察。"那段时间，我每天晚上看她睡前的准备工作，如果她又乱扔衣服，我会提醒她按老师的要求做；如果她主动按照老师教的做了，第二天，我会故意当着老师和小朋友的面大声汇报前一晚陈彧的表现，让她在老师和小朋友面前很有面子，老师也会在班上表扬她，给她戴上一朵小红花。女儿受到鼓励，越发起劲，得的小红花越来越多。

妈妈身懒心不懒

表面上我是个懒妈妈，实际上是"身懒心不懒"。我通过谈话、讲故事等方式，让孩子知道"自己的事情自己做"的道理。其实，"懒"

妈妈比"勤"妈妈更加费心劳神，更加辛苦受累。让孩子自己做事，在某些情况下，不但不能省力，反而更加麻烦，因为孩子往往会"帮倒忙"。不要担心孩子做不好，或怕孩子添麻烦、帮倒忙；对孩子多表扬、多鼓励，少埋怨、少指责，循循善诱，才能激发出她的潜能，而孩子的潜能超乎我们的想象。

从小贝夫妇亲自带孩子说起

据英国《每日邮报》报道，前些时候，贝克汉姆的妻子维多利亚在网上晒出了一张"小黄人"全家福，人物造型惟妙惟肖，可谓幸福满满。

作为出镜率最高的明星家庭之一，贝克汉姆一家是地球人心目中的恩爱家庭的代表，十多年来，他们亲自养育四个孩子，算得上是"体娱圈"里的楷模。大儿子布鲁克林出生后，贝克汉姆和维多利亚决定不雇用保姆，要亲自照料儿子。因为"一想到布鲁克林会跑到保姆那里，而不是我们中的任何一个那里去寻求慰藉，我们就觉得可怕"。只要时间允许，贝克汉姆会尽可能照料婴儿，给婴儿喂食、换尿片。贝克汉姆曾经获得了两项对他而言非常重要的奖项——英国一家医疗保险公司评选的"完美父亲"以及某个著名的500强公司所评选的"名人爸爸"。

当今不少年轻父母选择生而不养

自己的孩子自己养本是天经地义的事情，可在当下，我身边的一些年轻父母，生了孩子后把孩子扔给父母，自己依然过着无拘无束、轻松浪漫的二人生活，想孩子了，到父母家去玩一会儿，不想玩了，干脆几天甚至几周不见孩子的面，而且他们理由充足：工作忙，拼事业，给孩子赚奶粉钱，等等。

当今时代，大量独生子女（简称独一代）陆续进入婚育年龄，为人父母，他们生育的独生子女被称为独二代。独一代大多正处于事业的上升期，工作繁忙，谁来带孩子便成了困扰他们的问题。于是，祖辈们抚养第三代成为普遍现象。这种只生孩子，而把养孩子的任务交给上一代人的做法，被形象地称为"只生不养"。

日前，某杂志编辑部进行的"双独生子女婚姻调查"显示，在参与调查的家庭中，有超过70%的"双独生子女"年轻父母"只生不养"；由年轻妈妈照顾小孩的家庭仅占15.8%。

年轻人只生不养不仅影响到孩子、年轻父母以及老人，也制约着整个社会的进步。

我是在20世纪60年代出生的人，女儿出生于20世纪90年代。生孩子之前，我和老公就商量好，自己的孩子自己带，公公婆婆只是在我们上班时给我们帮帮忙。休完产假我就上班了，在白天，我们把孩子送到婆婆家。那时我家还没有汽车，离家最近的车站要走20多分钟。我们买了一辆摩托车接送孩子。每天早上，我们夫妻就像打仗一样紧张，早早起床，做饭、吃饭，再把孩子包裹得严严实实，丈夫开车，我抱着孩子坐在摩托车后座上，一路奔驰到婆婆家，然后各自去上班。晚上下班后，我们先到婆婆家接孩子，再开车回家。周末只要不加班，我就自己带孩子。

自己带娃好处多

自己带孩子虽然辛苦些，但是换来的好处无法言表。孩子每天接触的是我的模样、声音、气味，还有我抱她的姿势和抚摸她的方式。在孩子如同一张白纸似的大脑里留下的第一个记忆是我的印记。著名儿童教育专家卢勤老师曾讲过，小动物出生后都有一个"母亲印刻期"，本能地追随母亲，如果母亲不在，它就会追随别的动物或玩具，从此不认自己的母亲。错过这个时期，小动物就再也不能形成"母亲印刻期"。

我有一个同学，小时候因为父母工作忙，在她50多天大的时候被父母送到保姆家抚养，一养就是七年。到了上学年龄，父母想把孩子接回自己的家。这时，我的这位同学已经完全把保姆家当成了自己的家，无论父母如何威逼利诱，都不肯和父母一起生活，与弟弟妹妹更形同路人。此后与父母关系越来越疏远，长期被保姆溺爱的她，养成了自私、狭隘的个性。

隔代教育问题多

老人带孩子造成的隔代教育问题很多，例如，老人容易对孩子溺爱和放纵，使孩子过于"以自我为中心"，影响自我意识的发展，容易让孩子形成自私、任性的不良性格；老人的包办代替和过度保护，阻碍了孩子独立能力的发展；老人们教育意识的缺乏和教育方法的不当，难以让孩子形成良好的人际交往能力和优良品质；等等。一个人童年的家庭生活经历，以及其与父母的关系，不但对孩子的性格会有很大的影响，而且对他在社会关系中所表现出来的性格和言行产生深刻的影响。作为过来人，我真替不自己带孩子的年轻父母着急。

对孩子的教育，妈妈一定要亲力亲为

天下没有哪个女人天生会当妈，都是一步步学习和摸索出来的。我从怀孕的时候就订阅《父母必读》杂志，一直订到孩子十岁，我从中学到了很多育儿知识和新的教育理念。我的婆婆识字不多，养育观念相对落后，我们在养育孩子方面有很多不同的做法。比如，在穿衣上，老人总怕孩子冻着，孩子总是穿得厚厚的，热得出汗，而我自己带孩子时不给孩子穿得太多，以不冷为原则。我女儿六岁时，我带孩子学钢琴，老人极力反对，他们的理由是孩子小，骨头没长好，练钢琴会弄伤手指头。因为孩子跟我们一起生活，他们反对无效。

孩子三岁上幼儿园后，我们完全自己带孩子，丈夫负责每天接送，我负责做饭，每天生活得很有规律。孩子回到家给我们讲幼儿园的故事，做游戏，睡前我给她讲故事。周末，只要天气好，我们就带她到户外去。我们几乎玩遍了青岛所有能玩的地方。在我们的陪伴下，孩子按照我设计的成长路线图一天天健康快乐地成长。

妈妈莫在孩子 6 岁以前缺席

幼儿心理学认为，孩子在 0~6 岁阶段是人生的起始阶段，这一阶段的孩子可塑性非常大，尤其是妈妈，在孩子的婴幼儿时期和少儿时期，对孩子的德行礼仪、品格气质影响巨大。是把孩子引向美好还是引向歧途，全掌握在妈妈手中。不是由父母带大的孩子，在能力、性格方面可能存在某些问题。面对爷爷奶奶等长辈的溺爱和插手，年轻的妈妈到底该如何主导养育任务呢？

我的体会是长辈可以帮助照料孩子，帮助分担家务，但对孩子平时的管教，妈妈一定要亲力亲为，在关键问题上不妥协。那些没有条件自己带孩子的父母，也要想方设法尽可能多地陪伴孩子。有的年轻父母会说："爷爷奶奶抢着带孙子，根本轮不上我们。"还有的说："我们整天加班加点，还要升职，还要还房贷，没有精力带孩子。"幼子在，不远离，无论从哪方面讲都应该尽量守护在孩子身边，不要把自己的缺位说成是被生活所逼的"无奈"，其实很多时候是个人选择的结果。你若真有心，总是有办法。再忙，你能忙过小贝夫妇？

如果你的孩子现在是留守儿童，你可能会告诉我："我也不想，但真的没办法啊！"可是亲爱的，孩子不是你自己的吗？你改变不了社会，难道不能改变自己吗？什么事情能比孩子的健康成长更重要？你总是说为了让孩子过得更好而赚更多的钱，可是你知不知道，你不在身边，孩子感受不到你的爱，再多的钱又有什么用？孩子根本不会因为你多给他一分钱而变得更幸福。所以，再难也要把孩子留在自己身边，有你的地方才是孩子幸福的天堂。

陪伴孩子，在质不在量

当下很多人将过多的精力放在赚更多的钱、成就更大的事业上，过于重视给家庭物质保障，而忽视了与家庭成员在精神层面的交流。越来越多的人在呼吁应该多抽时间陪孩子。

一次低质量陪伴的教训

我身为女性，工作上信奉巾帼不让须眉，被同事冠以"女强人"的名号，不仅在单位加班加点，有时晚上回到家还要继续工作。那天老公出差了，下班后我从幼儿园接回孩子，胡乱吃了点饭后，坐在电脑前准备修改材料，因为明天上级领导要听我汇报，下班前同事才把汇报初稿交给我，我只能在晚上修改。我刚看了一页材料，女儿就要我跟她一起捏橡皮泥，看着女儿可爱的小模样，我真不忍心拒绝她。只好嘴上答应她，可心里的我在说"No"。

过了一会儿，女儿见我没挪地，说："妈妈，你怎么还不过来呀？"

我说："妈妈看完这一段就过去，你先自己玩儿。"

又过了一会儿，孩子不耐烦了，说："妈妈说话不算话，我不跟你玩了。"

这次真的不能再拖了。我很不情愿地来到客厅，三下五除二地捏了几个小动物，这时的我"身在曹营心在汉"，满脑子都是材料的事。

女儿说："妈妈捏得一点都不像，你再陪我捏一会儿吧。"

我说："乖，妈妈今晚要改个材料，没时间陪你了，你捏完后自己刷牙洗洗睡觉。"说完回到电脑前继续工作。

时针指向了八点半，这是孩子上床睡觉的时间。我说："宝宝，该洗脸刷牙了。"女儿"嗯"了一声。过了一会儿还没有动静，我又催促她一遍，她说："一会儿就去。"又过了十分钟，这时已是晚上九点了，她还在玩。我强压住往上冒的火气，起身来到客厅，拎她到卫生间，看着她洗漱。女儿见我发了火，迅速地洗脸刷牙，洗好后乖乖地自己睡下。虽然我没有大声训斥她，但我的不满早就写在脸上。

孩子睡下后，我的心情变得很糟糕，怎么也集中不了精力，材料改得很不顺，直到午夜才勉强干完。躺下后翻来覆去睡不着，在脑子中像过电影一样回放着跟女儿斗智斗勇的一幕幕。别以为孩子小就不懂事，她已经会察言观色了，家长敷衍她，她会以其人之道还治其人之身。

过了几天，老公出差回来，孩子高兴地爬到他的身上，要骑大马。老公说："宝宝，爸爸就喜欢跟你玩骑大马，可是爸爸今晚要把出差报告写出来。这样吧，我们只玩半个小时，时间一到，我去写报告，你去刷牙洗脸上床好不好？""好！"女儿答应得很痛快。说完，老公双手撑着地，双腿跪在地板上，女儿骑在他的背上，双手揪着他的耳朵，嘴里喊着："驾，驾，走喽！"他俩在地上转圈圈，孩子高兴得咯咯笑。半小时到了，孩子从爸爸身上下来，说："爸爸，明天我们还玩骑大马。"说完，自己洗漱去了。

一直在暗中观察的我开始反思，为什么女儿这次的表现与那天判若两人？同样是陪着孩子玩，我是敷衍的，孩子感觉不受重视，她的情感需求没有得到满足；老公是专注的，孩子感受到了老公的全情投入，她希望被关注的愿望得到了满足，所以她会心甘情愿地兑现她的承诺。

反思后改进陪伴方法

吸取了这次教训，我开始改进陪伴孩子的方法，在与孩子一起玩时什么也不做，专心与她一起互动。孩子三四岁时，我常陪她玩大灰狼与小白兔的游戏。我头戴花毛巾，两腿夹一个大扫把扮大灰狼，女儿头戴兔子的头饰，披上白浴巾扮小白兔。我通过这个游戏告诉孩子要警惕坏人，不要轻易相信陌生人。孩子五六岁时，我们一起玩过蚂蚁工坊，我们从不同的地方捉来蚂蚁，放进透明的蚂蚁工坊玩具盒里，每天一起观察蚂蚁挖洞的进展，一起记录蚂蚁之间因战斗减员的数量。我通过这个游戏培养孩子仔细观察事物和耐心做事的品质。孩子七八岁时，我们一起下跳棋、军棋，在对弈中挖掘孩子的潜能……

每天拿出一段时间专门陪孩子玩

如今的社会节奏要比以往快得多，职场的压力越来越大，竞争也越来越激烈。年轻父母们既要养育孩子，又要在事业上打拼，陪伴孩子的时间越来越少。这个现状在短期内很难改变，怎么协调这个难题呢？

我的体会是，陪伴孩子重质不重量，爸爸或妈妈可以与孩子约定好，每天抽出一刻钟或半小时专门陪孩子玩。我想，父母再忙，每天总能抽出一刻钟或半小时吧。在这短暂的时间里，父母要清空大脑，不玩电子游戏，不刷手机微信，身心都在孩子身上，用心观察孩子的一举一动，投入到孩子的游戏中，与孩子共度亲子时光。

时间转瞬即逝，孩子转眼就长大了，等到孩子长大了，你即使想陪他，他也不要你陪了。等到孩子上了大学，在外地工作，你想看他一眼都难了。所以，要好好珍惜孩子小时候的时光，高质量地陪伴你的孩子。

不替孩子选择朋友圈

在女儿小时候，为了让她变得外向大方些，我经常带她到朋友家串门，也经常让她邀请小朋友到家中玩，有意制造一些让她交友的机会。有一年圣诞节，我提议请她的好朋友到家里一起过圣诞节。女儿很高兴，连续几天兴奋地筹划她的第一个圣诞晚会。

我在圣诞树上挂满了彩灯和五颜六色的小礼物。平安夜那天，女儿邀请了四个小朋友，他们个个懂礼貌，一看就是家教良好的好孩子。女儿跟他们说每人可以从树上摘一个礼物带回家去，小朋友个个跃跃欲试。

女儿宣布可以摘礼物后，娜娜以最快的速度摘下了一枚亮闪闪的红球，鹏鹏和圆圆同时伸手去够树上最大的盒子。因为盒子挂得有点高，要跳起来才能够着，鹏鹏在跳起来的时候一只手伸向礼物，另一只手摁着圆圆的肩膀，结果鹏鹏抢到了礼物。圆圆感到吃了亏，眼泪在眼眶里打转，强忍着没有哭出来。

鹏鹏高兴地打开礼物，结果发现是一张圣诞贺卡，转身送给圆圆，说："我是给你摘的。"圆圆当然不要，顺手拿了一个礼品盒，打开一看，竟是一个当年最流行的"皮卡丘"，是我在机场买的玩具，价格不菲。这下子圆圆破涕为笑了。

小朋友们一起用羡慕的眼光盯着这个礼物，这时圆圆却说她家也有一个同样的玩具，言外之意是这礼物没什么了不起。老实巴交的妞妞选了个红色的小盒子，里面装着两枚金蛋巧克力。

小孩子就是小孩子，一会儿就忘记了这些不愉快，他们又开始打打闹闹，玩得好开心。我们三个大人一边给孩子当服务员，一边观察着孩子们的表现。小朋友们走后，婆婆对我女儿说："以后别跟鹏鹏玩，这孩子心眼多，自私，你跟他一起玩会吃亏，圆圆也好不到哪里去。"

转眼到了女儿的生日，尝到了上次当主人的快乐，这次她主动提出要请几个同学到家里来庆祝生日。我说："可以是可以，但费用要从你压岁钱中扣除（她的压岁钱由我保管），预算200元，不能超支。"她犹豫了一下，还是点头成交。她自己算了算各项费用支出，列了一张表给我看，正好200元。生日那天来的小朋友中没有了鹏鹏和圆圆。娜娜给女儿的生日礼物是一个新潮的文具盒，妞妞给女儿的是一张写着祝福语的贺卡。送走了小朋友，婆婆对我女儿说："以后少跟妞妞玩，这个孩子太抠门。"

两次活动，婆婆为我女儿剔除了三个朋友，听话的女儿当真不再跟他们来往。这些事我后来才知道。那时我正在参加卡内基人际关系沟通训练，不仅自己活学活用，还把学到的知识教给孩子。

我的婆婆怕孙女吃亏，恨不得替孙女包办一切。殊不知，孩子在成长过程中不可能一帆风顺，必然要经历一些磨难，家长不可能永远陪在孩子身边，不可能永远保护孩子，只有增强孩子自身的免疫力，孩子才能在风雨中成长。要让孩子在正常的生活中学会交往，适当吃点小亏才能不吃大亏。要相信孩子不是傻瓜，他在吃亏后会慢慢地学习如何应对。

对待孩子交友不必越俎代庖

我和丈夫商量后达成一致意见，在孩子交友上，我们既不能不管，也不能越俎代庖，不管不问任其发展肯定是不对的，要坚决制止孩子交上坏朋友，除此之外，只要孩子的朋友没有本质上的大问题，我们要让孩子自主选择朋友，自由往来。

我们还纠正了老人的做法。那天趁女儿不在家，丈夫跟婆婆说，以后不要再对孩子的朋友横挑鼻子竖挑眼，更不要随意替孩子选择朋友。

女儿放学回来后，我看似无意地问起鹏鹏近况。女儿说："奶奶不让我跟他做朋友了，我已经不怎么和他玩了。前几天上体育课，他为了保护同学扭伤了脚，没来上课。"女儿问我应该选什么人做朋友，我告诉她第一选自己喜欢的；第二是跟自己志同道合、人品好的。女儿说："其实我觉得鹏鹏不是坏孩子。"我说："那就买上礼物去探望他，鹏鹏尽管有点小毛病，总体上还是个好孩子。"从那以后，女儿又和鹏鹏恢复了友谊。我告诉女儿，朋友往往不是完人，或多或少都有点小毛病，要多看朋友的优点，而不是只盯住他的缺点。

被过度保护的孩子将来可能存在人际交往障碍

真实的世界本来就不是纯粹的，也不存在没有任何缺点的完人。很多家长因为怕孩子学坏，怕孩子吃亏才过度保护孩子。被过度保护的孩子长大后有可能遇到更大的障碍，工作后难以和同事处理好关系，频繁跳槽，每次辞职的理由都是一样的，都是同事不好，领导不好，自己总是受委屈的一方。反之，还有一种人，不管进入什么圈子，都能跟别人愉快相处，工作氛围友好，业绩突出，这种人一定很善于交朋友。

不必在意好朋友的小缺点

女儿在出国留学期间，有一个性格豪爽、热心助人的拉美裔同学，每每女儿有事找到她，她都乐意帮忙。但此君的毛病是不拘小节。她和几位朋友到女儿宿舍玩，女儿拿出食物和酒招待她们。别的同学只吃一点儿，喝一小杯，而此君吃完了眼前的食物，自己又到处找吃的，酒量又很大，往往一喝就是一瓶红酒。一开始女儿无法接受，时间长了，觉得此君优点还是很多的，跟她做朋友就不必在乎她贪吃贪喝，她们至今依然是好朋友。

卡内基先生说过："一个人要成功，20% 靠知识，80% 则要靠人际关系和与人交往的能力。"通过这句话可以看出与人交往的重要性。但凡拥有一定成就的人，情商都很高，其表现之一是能发现他人的长处，宽容他人的缺点。作为母亲，我真的好希望女儿有这个能力。

纠正孩子的错误要有耐心

很多人认为打点滴比吃药好得快，这在某些情况下是对的，但一感冒就打点滴，这是一个误区。现代人习惯了快节奏的生活，往往等不及感冒慢慢好。

小孩子出生以后，感冒发烧是常有的事。老话说，不生病的孩子长不大。每长一次病，孩子就长一个心眼。同样，不犯错的孩子也长不大。哪个家长能拍着胸脯说自己的孩子从未犯过错呢？

纠正孩子不爱和人打招呼的情况

我女儿小时候胆小，不爱叫人。我爱人一度觉得她没有礼貌，很生气，于是训斥女儿，说她为什么那么没有礼貌。每次带孩子出去，出门前都要跟女儿说："你今天见到人一定要叫人，不叫人就是没有礼貌的孩子。"搞得女儿很紧张，见到生人就像老鼠见到猫。

我跟丈夫说："你不要这样说，孩子的性格是有差别的。有的孩子性格外向，见人会主动打招呼；有的孩子性格内向，见人不说话，但这不代表孩子没有礼貌，可能因为她在这个阶段比较害羞。这时候你吼她，她的压力就会更大，害怕出门，害怕见生人，产生社交恐惧。本来不大的事，让你这样搞得很严重。只要我们俩有礼貌，孩子看在眼里，她放松了，自然就会叫人。"

过了一段时间，女儿渐渐地好了。有一次我带她出去，事先我也没跟她提叫人的事，她见到我的朋友后主动说叔叔好；到酒店吃饭，服务员给她倒茶，她很自然地跟人家说谢谢。朋友们说："你家孩子真有礼貌。"我心里笑了，孩子其实被她爸爸嫌弃过。

改正孩子吐口水的毛病

随着年龄的增长，女儿学的毛病也在升级。女儿五岁时跟奶奶到农村亲戚家住了一段时间，回来后学会了向人吐唾沫，只要谁惹她不高兴了，她就吐人家。全家人都很吃惊，老公更是不能接受，觉得这孩子怎么学了这么个毛病，不行，得立即纠正！

孩子睡着以后，我跟老公商量说："我认为不必紧张，她可能是跟亲戚家里的小朋友学的，觉得新鲜好玩，以为自己又长了新本事。我们要告诉她这是个坏毛病，应该改掉。如果你认为孩子是有问题的，孩子就一定会有问题；如果你认为孩子没问题，对她有信心，她最终就会回到正确的轨道上。她的标杆是我们，只要我们的行为是正确的，只要我们相信孩子的品质没有问题，她就会朝着我们相信的方向发展。"

第二天，我蹲下来，拉着她的小手，看着她的眼睛说："宝宝，妈妈知道你是个好孩子，是个知错能改的好孩子，向人吐唾沫是不好的，宝宝一定能改掉，是吧？"女儿说："是。"从那以后，我暗中观察，女儿头几天偶尔吐过一两回，她吐完后我故意让她感觉到我在看她，让她意识到自己做错了，以后几天她再也没有吐过。两周以后，她似乎忘记了自己会吐唾沫的"本事"，一场风波就这样云淡风轻地过去了。

尊重能让孩子得到积极向上的力量

心理学上有一个著名的皮格马利翁效应：希腊有一个年轻的王子皮格马利翁，很喜欢雕塑。一天，他用一块象牙雕刻了一个美少女。王子对雕像爱不释手，每天深切地注视着象牙少女，梦想着她能够成为真正的少女。王子的诚心感动了天神，天神让象牙少女拥有了真正的生命，和王子生活在一起。在家庭教育中，身为父母，我们不妨让孩子从父母的态度中感受到父母的心理预期，感受到父母对自己的尊重，孩子就会得到一种积极向上的力量。反之，如果我们过低地估计孩子的能力，放弃对他们的期望，断定孩子这也不行，那也不好，觉得孩子将来不会有出息，那可真要耽误孩子一生了。换言之，你期望孩子成为一个什么样的人，孩子才可能成为一个什么样的人。

耐心等待孩子自动改错

现在有些家长看不得孩子犯错。其实小孩子犯错就像时不时感冒、发烧，孩子的成长始终伴随着犯错、改错。即使是伟人，在其童年也曾犯过许多小毛病，那些完美的、不曾犯过一点错的孩子只存在于小说中、电影里。孩子一旦犯了点小错，家长不必如临大敌，在积极纠错的同时，还要有耐心等孩子改错。无论是改掉一个坏习惯，还是养成一个好习惯，都至少需要 21 天。就像治病的最佳结果是通过激发自身的免疫力战胜病毒一样，纠错的最佳方法是让孩子自动改错。靠打骂等暴力方式来纠错也许一时有效，但外在施压总不如自身生发的力量。

女儿的防灾包

在女儿四五岁的时候，有一天我收拾她的房间，发现桌子下面的角落里有个小挎包。这个包是女儿参加跳舞比赛赢得的奖品，女儿很珍惜。我打开一看，里面有一个小手电筒，一个创可贴，一小把生大米，一瓶矿泉水，一毛钱。我百思不得其解。这些东西是谁放的？干什么用？为什么要放在这里？

陪伴女儿长大的防灾包

女儿从幼儿园回来后，我问她桌下的包是不是她放的，包里装的那些东西是干什么的。她告诉我，这个包叫防灾包，让我千万不要动，老师说了，每个小朋友在家里都要准备一个放在桌下，万一发生地震、火灾，小朋友要躲在桌子下面，抱着头，等人来救。

我恍然大悟。说实在的，我作为一名成年人，根本没有防灾意识，更没想到要准备一个防灾包。我立即表扬了女儿："宝宝真是好孩子，听老师的话，在家准备了防灾包。"我心想，孩子毕竟是孩子，一把大米、一毛钱能干什么呢？但我仍然十分感谢女儿所在的幼儿园，这也提醒了我，要注重孩子的防灾教育。

随着年龄的增长，女儿把原来的防灾包换成了大一号的，除了继续保留手电筒、创可贴以外，又将生大米换成了军用压缩饼干，新增了电池、毛巾、垃圾袋，一毛钱换成了十元钱。这期间我们搬了家，女儿把新的防灾包放在自己房间写字台下面的角落里。

从幼儿园到她离家外出上大学，防灾包一直陪伴着她，虽然一次也没有用上，但是防灾意识一直根植于她的内心。她住宾馆时，总要看看消防通道在哪里，以防万一。记得曾看过一篇文章，一名记者采访一位诺贝尔奖获得者，问："您在哪所大学学到了您认为最重要的东西？"他平静地回答："在幼儿园。"天真无邪的儿童在幼儿园里接受的人生教育会影响他的一生。

在防灾教育方面，日本做得比较好。日本的孩子从幼儿园开始，就一直接受防震、防火等方面的训练。在孩子入学时，日本的学校都会明确要求每位学生配备防灾头巾和防灾帽。许多学校每个月都会组织防灾演练，久而久之，孩子们熟悉了这种训练。当真正发生灾害时，孩子就可以从容地应对了。

跟王大伟教授学习自我保护

除了天灾以外，我家还十分重视防止人祸。女儿上小学三四年级时，我买了中国警察大学王大伟教授的防身平安光盘，全家人一起反复看，比照练习。

女儿在国内时，我们要求女儿晚上尽量不出门，但不能保证她到了国外以后不深夜独行。出国留学前，我们又翻出这套光碟重新学习了一遍。如果后面有一个男人尾随你，王教授告诉女孩子们要立即走到马路对面去；如果这个人跟着走到马路对面，你再走回来；如果这个人又跟着走回来，基本断定这是个色狼，你就快跑逃命；如果色狼一下子抱住你，你旁边没有人，跑也跑不动了。

王大伟教授说有三招可以自救。

第一招：在地上抓一把土，扬到他的眼睛上。

第二招：抠他的眼睛。

第三招：用膝盖顶他的裆部。

三秒钟之内发起三次攻击，百战百胜。我让女儿牢牢记住这三招，还让老公扮演坏蛋，与女儿模拟对练。为了防身，我给女儿报名学习跆拳道。虽然她看起来身单力薄，风一吹就会倒的样子，但通过练习跆拳道还是掌握了一点防身技巧。

在买王大伟教授的防身平安光盘时，我们也买了一个报警器拴在孩子的书包上，它像一个卡通玩偶，不知道的还以为是个装饰物。当孩子认为面临危险需要别人的帮助时，只要按下报警按钮，报警器马上就能发出警报声，声音很刺耳，可以传到很远的地方，引起周围人的注意。

有了这样的报警器，不仅可以对企图危害孩子的歹徒产生震慑作用，还可以通知附近的人赶来实施救援。当得知通信公司研制了儿童定位手机后，我在第一时间为女儿配备了一个，随时知道女儿的方位。

我在单位里参加了消防培训后，立即给家里配备了灭火器和逃生绳，用一个过期的灭火器教孩子如何操作。我还鼓励孩子积极参加逃生训练，她和班里少数几个女生勇敢地顺着逃生绳从二楼窗户溜到地面。参加过消防演练后，孩子的防范意识进一步增强了。

人生无常，水火无情，从小树立防范意识，有备无患。

会做饭的孩子饿不死

我最近看《会做饭的孩子走到哪里都能活下去》一书，边看边流眼泪。据说，有无数人同我一样为之感动落泪。该书作者是日本的一家人，爸爸安武信吾、妈妈千惠和女儿阿花。爸爸是日本新闻社的一名记者，妈妈已于 2008 年去世，生前是一名音乐老师，女儿生于 2003 年，曾就读于日本福冈立草江小学。书中讲述了身患乳腺癌的妈妈从女儿四岁起教她学做饭、洗衣和收拾家的故事。当阿花五岁时，她已掌握了这些本领，妈妈便放心地离开了这个世界。这是千惠妈妈认为最好的"爱的遗产"，在千惠看来，会做饭的孩子走到哪里都能活下去。

跟这位日本妈妈相比，我自叹不如。我钦佩千惠妈妈的智慧，她用伟大的母爱教会孩子看起来最普通、其实最有用的本领——做饭。而我在教育孩子方面更关注孩子的学习，没有刻意教孩子生活的本领，以至于女儿 18 岁时还不太会做饭。

女儿自小到大胃口一直不太好，人也长得瘦瘦弱弱，以至于有的朋友跟我开玩笑说我是后妈。其实，他们不知道我的苦衷。曾几何时，我家的第一难题是喂女儿吃饭。

说起小时候女儿不愿意吃饭，也许和盲目换奶粉有关。

女儿出生后，身体很健康，在月子期间，我女儿喝的是国产奶粉，吃得香，生长发育正常。出月子后，一位朋友一听我孩子吃的是国产奶粉，头摇得像拨浪鼓，历数国产奶粉的弊端，说如果再喝下去孩子就要缺钙，会得佝偻病。她看我半信半疑，立即建议我给孩子改喝一种进口奶粉，价格是国产奶粉的好几倍。我是第一次当妈妈，十分相信朋友的话，立即买了五袋这种进口奶粉。回到家后，把奶粉给孩子冲着喝。孩子尝了一口，觉得不是原来的味道，用舌头把奶嘴顶出来，我再强行把奶嘴硬塞进她嘴里，她还是不吃。乳白色的奶液从孩子嘴角流出来，如此反复拉锯，孩子哭，大人烦。

我给朋友打电话，她说："孩子不习惯，你就饿着她，饿得厉害了就喝了。"现在想来，我当时太傻了，干吗不动动脑筋想想，那位朋友卖奶粉是为了赚提成。我听了这个朋友的话，硬着心肠给女儿喝那种进口奶粉，结果几天后孩子饿得不行了，不得不喝洋奶粉，但食欲大减，生长速度比以前慢了许多。

女儿能吃主食后，也不爱吃饭，每次喂饭都是让我头痛的事。我学猫叫、学狗叫，做怪模样，逗她开心，或趁她不备，塞进一口饭。有时她跑着，跳着，我追上去喂一口饭，喂她吃一顿饭常常要一个小时。

上学后，孩子活动量大了起来，又没零食吃，胃口才逐渐好起来。或许是小时候吃饭的痛苦经历，使得女儿长大后对吃饭不感兴趣，自然对做饭更没有兴趣，不管吃什么，她都无所谓，只要能填饱肚子就行。我工作很忙，精力有限，只求孩子不生病，学习好就满足了。一个没兴趣学做饭，一个懒得教做饭，两厢情愿，其结果就是"君子远庖厨"。

一晃十几年过去了，眼见孩子要出国读书了，不知女儿将来能否适应国外的饮食。临走前，我突击教女儿学习包饺子、炒几样小菜，可惜时间太短，女儿还是没能真正掌握做饭的本领。

留学期间，女儿常和同学们一起做饭聚餐，因为不会做饭，女儿跟同学在一起聚餐时只能洗菜、涮碗、打扫卫生。当那些做得一手好饭菜的女生被大伙频频夸赞的时候，一向好强的女儿后悔没有学会做饭。

暑假回国，女儿主动要求跟我学做饭。我乐此不疲，我从她最喜欢的家常饭菜入手，如用电饭煲做米饭该加多少水，米饭软硬才合适；西红柿炒鸡蛋，是先炒好鸡蛋还是鸡蛋与西红柿一起炒；等等。一开始，米饭不是被女儿做成稀饭就是做成夹生饭，西红柿炒鸡蛋不是盐放多了，就是糖放多了。不管她做成啥样子，我一律说好，而且装出很好吃的样子，把一盘盘难吃的菜全部吃光。

经过一段时间的锻炼，她对做饭有了感觉，成功率不断提高，味道逐渐正常。我又教她做一些稍微复杂的饭菜，如包饺子、红烧排骨、牛腩炖萝卜等等。如同我从小传授母语般，我把家常菜的味道深深植入女儿的记忆中。这样，即使孩子走得再远，那熟悉的味道依然会引导她找到回家的方向。那段时间我们这个平时冷冷清清的家热闹了，整个家弥漫在人间烟火中，散发着家常菜的味道。

带着从家中学到的本领，女儿回到康奈尔大学。在当年留学生春节聚餐中，女儿成功地秀了一把厨艺，让同学们刮目相看。大二的暑假，女儿在纽约实习，因为在外面买着吃既贵又不好吃，她置办了简单的厨具开始做饭。我经常收到她发的饭照，还真是有模有样，汤汤水水，吃得不错，偶尔她还会请同学来吃。这下我放心了，即使女儿将来收入有限，自己会做饭，也能活得挺滋润。

人活于世，需要多种生存技能，上名校，读博士，便可以拥有高大上的生存技能。毕业后找到一份好工作，过上体面的生活，尝遍各国美食，这是一种理想状况。能一辈子这样固然好，可生活不是总处在理想状况下的。如果遇上战争年代或其他意想不到的事情，人还是要活下去的，自己会做饭，是弥足珍贵的生存技能。

身为女性，将来会为人妻、为人母，自然的社会分工和生理特点让女性承担起养育孩子、照顾家庭的责任，会烧一手好菜是一名主妇的看家本领。"铁娘子"撒切尔夫人贵为英国首相，每天早上都给丈夫做早餐；居里夫人是著名的科学家，一边研究镭，一边操持家务，养育孩子。正是因为她们身上既有不输于男人的智慧，又闪烁着女性温柔的光辉，才让她们散发着人格魅力。作为妈妈，我希望女儿做一名左手拿着常春藤文凭，右手握着锅铲，上得厅堂，下得厨房的现代女性。

亲子拍照不仅仅是为了娱乐

现在打开微信朋友圈，父母晒娃的照片比比皆是，大部分照片是晒孩子去了某个高档的场所，穿了一件名牌衣服，吃了某样高档的食物，等等。我隐隐地替这些父母担心：此类照片过多是否会在无形中给孩子幼小的心灵带来不良的影响？

在我女儿小的时候，手机还没有普及，那时我是用胶片相机给孩子拍照的。我拍照的内容大致分成三类：第一类是记录有纪念意义的瞬间，比如孩子长出第一颗牙，第一次独立走路，第一次自己吃饭，第一次上幼儿园等。第二类是记录孩子的好习惯，比如吃冰激凌时先让奶奶尝尝，一粒米不剩的光碗，与小朋友一起玩时分享玩具，拿抹布擦桌子等。第三类是孩子的旅游照。那时胶卷拍完后要送到照相馆冲洗，每次拿着照片回到家，我和老公、孩子一起盯着照片看了又看。

为女儿的照片做备忘录

照片攒多了，我会集中整理，选取有代表性的照片，在照片下面写上一段小短文，记录拍摄的时间、地点、背景、感悟。有一张照片给我的印象特别深：高高的石阶上，女儿撅着小屁股费力地往上爬，屁股上隐约露出白色的尿片。我在照片下面写道："人生像爬台阶，从低层开始，一步一个台阶。摄于宝宝 1 岁 5 个月，贮水山公园。"

女儿长大后看到这张照片，得知上面的这个小小人是自己，竟然傻傻地说："我怎么会那么一点点？"一旁的老公唏嘘着说："在孩子小的时候，爸妈真累呀，不过，累归累，我还是觉得她小时候好，要是她永远这么小该多好。"我看了一眼老公，想起了一起把孩子拉扯大的辛劳与甜蜜，突然好想拥抱他……

家中有个照片角

在女儿小的时候，家里有一个照片角，我把记录女儿好习惯的照片放大冲洗出来，贴在上面，旁边还画上一朵小红花，让孩子每天有意无意地都能看到。客人看到这些照片也会夸奖孩子，这样就可以潜移默化地引导孩子养成好习惯。

制作一本孩子成长相册

曾经跟几位"80 后"的年轻母亲聊过亲子拍照，她们中的大多数人在孩子两岁以内拍的照片最多，拍完后，立即上传朋友圈，收获一堆赞，此轮程序就算大功告成，又开启下一轮拍照。慢慢地，孩子长大了，妈妈失去了新鲜感，也就不拍了。

我认为与其随手拍一大堆照片，不如有选择性地拍些值得留存的好照片。在拍照时，父母们尽量不要让孩子学大人的样子，伸出两个手指摆出"V"字造型，应多一些抓拍和跟拍，拍出孩子最自然、最天真的瞬间。其实并不是每个孩子都喜欢被拍，有的孩子还会因拍照滋长出小小的虚荣心。有个三四岁的女孩子，每次吃大餐前、穿上新衣服、到旅游点都要让妈妈拍照发朋友圈，仅仅是为了拍照而拍照。

有的父母拍照时兴致很高，拍完发了朋友圈后便懒得整理，大量的照片被遗忘在手机里。要知道手机的容量是有限的，手机又容易被遗失，如果不及时导出和整理这些照片，就会越积越多，甚至泛滥成灾。那些花了大量的时间和精力拍下的照片，就会像飞机留在空中的烟线，慢慢地淡化，渐渐地被遗忘……父母们最好花一点精力，牺牲一些追剧和逛淘宝的时间，及时把照片导出来，分门别类地整理，然后冲洗出纸制照片，制作一本孩子成长相册。我保证这将是比追剧和逛淘宝更值得干的一件事情。

给孩子拍照不应该只是父母的一项娱乐活动，而应当作为家庭教育系统工程的一部分。拍什么，怎么拍，拍了以后怎么处理，都大有文章可做。

勿以爱的名义"监控"孩子

在女儿上小学一年级的暑假，上海的一家亲戚来青岛避暑。这可乐坏了女儿，她没日没夜地疯玩，平时不让吃的都让她吃了，平时要遵守的规则都被打破了。

原本生活在简单父母关系中的女儿，突然换到了大家庭关系中，大家的教育观念不同，生活习惯不同，女儿就在这些不同中处处挑战我的底线。原本的乖乖女变得不听话，对我爱搭不理，甚至拒绝和我同睡。当着亲戚的面，我又不好训斥她。起初我完全不能接受，从排斥到观察，再到改变，后来只剩感谢。

我突然觉得临时改变的生活环境像一个放大镜，让我看到在不同关系中表现不同的女儿，让我反思自己的错误，让我看清以前错误地把控制当成爱。

我总觉得她吃什么由我安排，她几点起床由我安排，她几点看电视由我安排，她学什么由我安排……理所当然什么都得听我的。可一旦孩子处在大家庭关系之中，孩子原本的天性就释放出来，表面上她变得不听话，而实际上这才是孩子原本的样子。平时我看到的她都处在被压抑的状态，是为了取悦我，是在我的监控下不自由的孩子。

联想到平时带孩子出去玩，常挂在嘴边的话是："乖，听话！""别这样，危险！""别跑快了，小心摔倒！""别碰它，小心烫着！"我以为这是为了孩子好，其实细细一想，这是我们当家长自以为是的爱，在某种程度上是以爱的名义对孩子的"监控"。

孩子整天听妈妈这样絮叨，早就把妈妈的话当成耳边风。况且孩子总要离开母亲单飞，母亲不可能时时刻刻跟孩子在一起。当孩子不小心被烫了一下，下一次他就知道怎样不被烫；当孩子的小脑袋被桌角磕了一个小包，下一次走到桌角，他会小心翼翼地绕开。相信人是所有物种中最聪明的，而这种自发的生存能力远超妈妈的想象。

我的一个朋友是出了名的"好妈妈"，整天一刻不停歇地围着孩子转，她几乎包办了孩子的一切事情。孩子真的是衣来伸手，饭来张口。她有很多苛刻的家规，她的家像部队的营房，一尘不染，物品摆放得整整齐齐，跟她相比我自惭形秽。

有一年的夏天，我们几个妈妈一起带孩子去洗海澡，孩子们迫不及待地在海滩上玩水挖沙。而她不让她的孩子参加，理由是玩沙子太脏。确实，别的孩子身上、脸上抹得像个大花猫，但快乐开心的样子把家长们都感染了。这个孩子则干干净净地依偎在妈妈身边，眼中流露出羡慕的眼神。这个孩子小时候不敢自己吃冰激凌，尽管他很爱吃，想吃时必须征得妈妈同意，由妈妈喂。因为他第一次自己吃时，冰激凌化了，弄得衣服、手上都是奶油，被妈妈打了一顿，从此，孩子见了冰激凌就害怕。跟妈妈在一起时，这个孩子在大多数时候是沉默的，一幅少年老成的样子，只有他妈妈不在时，他才会显示出孩子该有的活泼。

我和我的朋友都患有"以爱的名义监控孩子"症候群，只不过我的程度稍微轻一些，幸运的是我通过学习及时发现了自己的病症，并且积极治疗。我的这位朋友的孩子在母亲的全方位监控下长大，浸润于母亲的养育理念中，久而久之也习惯了妈妈包办一切。后来他上了本地一所三本大学，毕业后他妈妈为他买了房子，张罗他的婚事。现在他当了爸爸，孩子已经四岁了，他又开始用他母亲当年的育儿观念养育他的儿子。

我们身边有很多这样的母亲，表面看起来，她们比其他母亲更爱孩子，心甘情愿地给孩子当"仆人"，殚精竭虑地为孩子谋划，省吃俭用地供孩子消费。但是实际上，她剥夺了孩子探索世界的机会。人是环境的产物，人的本能之一是趋利避害，既然一切都由妈妈包办了，孩子自然不需要操心。妈妈的这般辛苦，也是要回报的，那就是我对你这样"好"，你得事事听我的，凡事不能越过我划定的框框。孩子就像是养在金丝笼里的金丝雀，虽衣食无忧，但没有自由，一旦哪天笼子没了，他怎能和那些从小就在风雨中觅食的鸟儿争食？

父母、爷爷奶奶、姥姥姥爷都希望孩子健康快乐地成长。放任不管孩子的家长并不多，大多数家长都很关注孩子，但过度关注就变成了"监控"，这样会压抑孩子的天性，不利于孩子快乐地成长。

幸运猫

两年前，我家的"喵星人"虎虎去世了。当晚我发微信给陈彧："告诉你一个不幸的消息，你的虎虎刚刚走了……对不起，我没能让它活到你回来。"

虎虎的离世让我很难过，它走的那个晚上我失眠了，它可爱的小模样总在我眼前晃来晃去。

11 年前，这只猫还未断奶，因为调皮从老公研究所的高墙上掉到水沟里，绝望地叫着，老公看它可怜，知道女儿喜欢猫，便把这只小可怜抱了回来。它是一只普通的野猫，灰色的皮毛夹杂着老虎的斑纹。起初我坚决不同意养这只猫，一是怕影响女儿学习，二是即便真要养猫，也应该养一只血统纯正的名猫，不一定要养一只捡来的野猫。

女儿哀求我留下它，说："妈妈，你看这只小猫多可怜呀，如果把它扔在马路上是不会有人要的，它只能饿死，求你让它留下吧，我保证不耽误学习，还负责打扫猫屎，我用我的压岁钱养它。"话都说到这个份上了，我心一软也就同意了。因为脑门上的花纹像老虎，女儿给它取名虎虎。

自从虎虎进了我家，它的幸福生活就此开始。它吃最好的猫粮、猫罐头、妙鲜包，用最好的猫砂，洗澡要用猫香波，每天要给它按摩，冬天蜷在沙发上晒太阳，夏天趴在空调下吹凉风，哪里舒服去哪里，比主人享受，还不用像主人一样读书考试。虎虎的到来给我家带来很多欢乐，尤其是女儿，因为有了虎虎，她的童年比别的孩子多了一分快乐，也因为虎虎，让女儿多交了一些朋友。他们因为猫成了我家的常客，女儿封它为亲善大使。女儿出国留学后，打电话也常常问起猫怎么样，常让我抱着猫与她视频，还让我多拍一些猫的照片发给她。

一晃 11 年过去了，养尊处优的生活让虎虎从一只瘦弱的小小猫变成一只超级大肥猫。有一天它总是呕吐，我抱它去看宠物医生，医生说要给它减肥，否则会得糖尿病。果然，没过多久，我发现虎虎开始消瘦，而且出现了多吃、多饮、多尿的糖尿病症状。我咨询医生得知，目前无药可治猫的糖尿病，得了这种病的猫最后往往死于并发症。医生安慰我说："猫的寿命一般是 10~15 年，你家的虎虎已是老年猫（虎虎的身体状况相当于 70 岁的老人）。如果它走了，也算是达到了正常寿命，你不必太难过。"

那天我下班到家，虎虎没有像往常那样在门口迎接我，一种不祥之兆掠过我的心头。晚饭后，虎虎摇摇晃晃地出来了，有气无力地叫了两声，好像是告诉我它不舒服，然后就趴在地上。我看它状态不好，立即打电话告诉女儿，女儿说："妈妈，你马上送虎虎去医院，不管花多少钱都要给它治。我现在有收入了，医药费由我出，你一定让虎虎再坚持两个月，直到我回来。"

我当然不会因为心疼这点医疗费而不救它。放下电话，我立即抱起它去宠物医院。当时医院已经不接诊了，我央求正在准备下班的医生救救虎虎。他们说如果要看病只能按急诊处理，我说只要救我的猫，钱不是问题。

医生给虎虎抽血化验，虎虎的血糖值是正常值的6倍，肝、肾、脾的生理指标也严重超标，伴有脱水、炎症，属于糖尿病并发症，情况不乐观。医生开始给它打点滴。此时的虎虎身体已经很虚弱，软塌塌地躺着，我轻轻地抚摸着它，温柔地跟它讲："你一定要挺住，挺到你的小主人回来。"虎虎似乎听懂了我的话，望着我眨了眨眼睛，很顺从地配合治疗。第二天，虎虎看起来没有明显好转，一整天不吃不喝。傍晚，我找来医用针管，拔掉针头，往它嘴里打水、打饭，又去药店买人用胰岛素给它注射，心想死马当活马医吧。

前一阵我向女儿"投诉"过虎虎，因为它没有吃到妙鲜包，作为报复，它竟然在我床上拉屎，被我狠狠地教训了一顿，从此以后它再也不敢进我的卧室。我知道它其实很想进去，每次走到卧室门口它便止步，站在门口向里张望。虎虎是有尊严的猫，甚至有些倔强，这一点像它的主人。

也许冥冥中知道自己将要死去，晚上九点多，它用尽最后的力气爬到我的卧室门口，来跟我做最后的告别。我抱起它，不断地摸着它骨瘦如柴、严重脱水的毛皮，渐渐地，它的眼睛发直了，目光暗淡了，瞳孔散了。我用手在它眼前来回晃晃，它的眼睛已经没有反应了，睁着两只黑洞洞的眼睛，似乎告诉我它不愿意死……

虽说我有思想准备，但真到了这一刻还是很难受。虽然它只是一只猫，但是我的那种痛无异于亲人离世，毕竟它与我们一起生活了那么多年，又是女儿的最爱，它早已经成为我们家一位不会说话的成员。

等到天刚蒙蒙亮，我用一条白绸布包裹住虎虎的遗体，上面写着："安息吧，我的虎虎，愿你来世还托生为一只幸运猫。"我把它葬在一棵松柏树下，让它入土为安……

虎虎走完了它幸福的一生，它留给我家许多调皮的故事和美好的回忆，成为全家永远的谈资。因为养猫，这些年我家结交了许多爱猫人士。以我的观察和体会，养猫的人大都是善良的，有猫的家庭是温馨的。如果一个孩子有一段养猫的经历，可能变得更有爱心、责任感以及更宽容，其性格也会在某种程度上得到改善。

·上篇·
妈妈篇

第二章 少年篇

学习好不是一件难事

女儿不到两岁的时候，有一天，她爬上家里的皮椅，抓起爸爸放在写字台上的眼镜，架在自己的鼻子上，拿起一本书，学着爸爸的样子"看"书。其实她哪里是在看书，她连书的正反都分不清。我觉得挺有意思，便用相机拍了下来。这张珍贵的照片是女儿最早的"读书"照。女儿长大以后看到这张照片，像是发现了新大陆，得意扬扬地说："怪不得我学习好，原来我从小就爱读书呀。"我揶揄她说："是啊，你从小就能倒背如流。"

从小培养孩子爱读书的兴趣

在幼儿时期，培养孩子爱读书的兴趣，孩子上学后学习好的概率很大，就像早早给孩子植入了爱学习的电脑程序，这个程序随着孩子成长而自动运行，不断升级。家长怎么引导，孩子就怎么生长。一个人总会对某些事情感兴趣，这是人类的本性，但对什么感兴趣，在很大程度上出于偶然。虽说偶然，但并非不可控，家长可以精心谋划，让孩子爱上某件事。

假如在孩子小时候，家里到处是书，父母没事就捧着书看，孩子就会对读书感兴趣；假如家里人整天打麻将，孩子在牌桌上长大，孩子便会对打麻将感兴趣。孟母三迁的故事说的就是这个道理。我和老公都爱读书，家里藏书很多。怀孕以后，我开始读优生优育的书，掌握了一些育儿方法，有意营造一个读书的环境，培养女儿读书的兴趣。结果证明，我们的引导是成功的，孩子在书香环境中生活，自然而然地对读书感兴趣。

学习也是一门技术活

在女儿上小学五年级那年，朋友推荐了陈克正写的《玩学习》一书，书中讲的是对三个博士姐妹的家庭教育。我被书中讲的"学习技术概念"深深地吸引了。陈克正自谦地说三个女儿天资一般，他把"读得快、写得快、记得快、算得快"的学习技术运用到女儿身上，把枯燥的学习变成玩学习。他的三个女儿都是博士毕业，他的这套理论核心是提高学习效率。我如获至宝，按照书上的方法与女儿一起玩学习。为此，我专门买了一只带秒表和计时功能的电子手表。那段时间，每天晚上孩子一做完作业，我们全家人就一起玩算数游戏，互相计时，并在小黑板上记下各自的成绩。

在玩的过程中我要了个小心眼，我故意让我和她爸爸的成绩落后于女儿，让女儿很有成就感。她为了保持领先，学得很起劲，就怕我们超过她，这正中我的下怀。以后几年的寒暑假，我都会再找出这本书，陪女儿一起玩学习。我看书有在书上画重点和写批注的习惯，结果在这本书里留下了我不同时期、不同墨水的批注。

女儿自从掌握了这套"学习技术"，学习效率逐步提高，尤其上了初中后，随着科目增加，学习难度和作业量加大，学习效率高的效果越来越明显。别的同学用一个小时做完作业，女儿通常用半小时做完。女儿的一天相当于二十五个小时。女儿学习效率高加上会抓紧时间，通常在学校里就把作业都写完了，晚上回来做教辅材料的习题，再进行复习和预习。

培养女儿的应考能力

作为学生，考试一直伴随着孩子的学习生涯。只要当学生，就躲不开考试，应考能力是学生综合素质的一部分。

女儿也曾经出现过考前紧张。初二期中考试前夜，已是晚上 11 点 30 分了，女儿还在复习，我催促再三，她才不情愿地收拾书包，然后抱着我问："妈妈，你说我明天能考好吗？"

我说："能，一定能，我女儿这么用功，一定会考好的。"

她说："那你说三遍。"

我只好连说了三遍，说着说着我们都笑了，这是她不够自信的表现。越是这个时候，家长越应该鼓励孩子，给孩子信心。千万不能说"现在知道怕了，早干什么了"之类的话，因为这样只能给孩子增加压力，打击孩子原本就脆弱的信心。

女儿是个低调的孩子，每次考完试，都不敢高估成绩，每次成绩都比她预想得好。慢慢地，我摸出了规律，她说考得还行，那结果可能是满分，全班第一；她说考得不好，那结果可能是班里的前几名。就像有的运动员是比赛型的，一比赛就兴奋，比赛成绩总是好于训练成绩。在经历了无数次考试后，女儿渐渐地成了"会考试"的学生，平时学习不是最努力的，但与最努力的同学相比，考试成绩往往比他们好。我也不清楚她是怎么练就这个本事的，也许是在长期大量的考试中总结出了经验，摸透了老师的出题套路、考试重点，这也算是天道酬勤吧。

找到适合自己的学习方法

每个孩子都应该找到一套适合自己的学习方法，陈彧也不例外。她上课会"听课"，有人可能会说这不是废话吗，只要不是聋子，谁都会听课。且慢，此"会听"不是彼"会听"。因为陈彧提前做了预习，她把不懂的问题记下来了。上课时，对于她已经掌握的知识点，她并没有全程聚精会神，甚至会打一小会儿盹，走一下神，当老师讲到她不懂的问题时，她会很专注地听，脑子高速运转，还弄不明白时，她下课问老师。

教过女儿的老师都说陈彧是个很会问问题的学生。有一次，她发现教辅材料上的一个答案不对，起初她以为自己错了，用不同的方法做了几遍还是觉得书上的答案错了，于是她向老师请教。老师也同意陈彧的意见，最后证实是书上的答案错了。

上课会听课，跟着老师的节奏学习，无须上补习班。高中三年，陈彧的一些同学下了课后急急忙忙去校外上补习班，陈彧则没有上过一天补习班，没请过家教，也不需要我们家长辅导。说实话，到了高中阶段，我们也辅导不了了。同学的家长戏称："你家宝贝的学费交得可真值。"

孩子尝到学习的乐趣，就会有学习的动力

学习这件事，总体上说是一件苦差事，尤其是经历过中考和高考的孩子，每个学生都很辛苦。家长如果能帮助孩子减轻压力，让孩子尝到学习的乐趣，孩子就有了学习的动力。女儿的动力一部分来自每次的家长会。她最喜欢家长会了，因为在家长会上有各科老师对陈彧的各种表扬，有周围家长的羡慕眼光。身为陈彧的家长，我有一种自豪感。每次开完会回家，我的脸上是放光的，心情是愉快的，我觉得这是陈彧能给我的最好的回报。

要想学习好，不仅要靠勤奋，还要靠方法。因为学习也是一种竞争，学习上的竞争虽说不同于体育竞赛，成败全在于技术，但是，学习好不好与是否掌握一套科学的方法有直接的关系。有了勤奋学习的精神，再加上事半功倍的方法，学习好就不是一件难事。

内向女孩变身御姐

"御姐"是近几年网络流行词。百度百科对该词的解释：本意是对姐姐的敬称，引申为成熟的强势女性，一般泛指年龄稍大，性格成熟的女性。御姐是以美德为处世观念，以礼仪为行为规范的女性形象，其性格特征是成熟、优雅、坚强、冷静、自信、淡定、知性、智慧。或许是陈彧的"彧"与"御"同音，高中时同学送她雅号"御姐"。

天生一个羞涩、胆小的乖乖女

在她刚学会走路的时候，我带她到汇泉广场晒太阳，她拉着一辆玩具车在广场上开心地转圈圈。不远处有一个跟她差不多大的男孩，跑过来一把抢走她的玩具车。被抢了心爱玩具的女儿并未马上抢回来，也未用大哭表示愤怒和委屈，而是表现出"他既然喜欢，那就让他先玩一玩"的宽容和忍让。这一切被我抓拍在相机里，我觉得这就是她的天性，胆小、谦和，喜欢安静独处。

我常在商场或游乐场看见有的小孩子缠着家长要这要那，得不到满足便大哭大闹，甚至躺在地上撒泼打滚，用激烈的情绪达到自己的目的。陈彧也有想要东西的时候，但她从来不会用这种方式。如果我不给她买，会跟她讲道理。不管是真的同意还是委曲求全，她通常都不会和我顶嘴，而是默默接受（当然，大多数时候她的要求是会得到满足的）。但过一会儿，我就发现她在无声地啜泣，好像受了天大的委屈。

乖巧性格的另一面是羞涩和胆小，不敢表达自己真实的想法，在众人面前一说话脸就红，见了生人就往我身后躲。在陈彧三四岁的一天，我的一位警察同学来我家玩，那天他穿着警服。陈彧见警察叔叔来了，吓得躲进卧室不敢出来，直到警察同学走了才出来。

给女儿练胆儿

每个孩子都是父母的天使，天生的禀性各有不同。我认为，针对天生外向的孩子，家长应该适当"收"一些，给孩子定一些稍微严格的规矩，让他的性格收敛一些；针对天生腼腆的孩子，家长应该适当"放"一些，多一些鼓励，让他的性格张扬一些。显然，陈彧是需要放养的孩子。于是，我们常带她去一些人多的地方，一旦有表现的机会，就鼓励她表现一番。

女儿小时候很喜欢去肯德基和麦当劳吃饭，其实她的饭量很小，吃不完一份儿童餐，不过她喜欢那里的氛围。为了吸引小朋友，餐厅常常把小朋友聚在一起唱歌跳舞，表现好的小朋友会得到奖品。为了练胆儿，我们就鼓励女儿积极参与，争取得奖，几经尝试后，她的胆子越来越大，脸皮也变厚了，得了不少奖。

开始学习弹钢琴后，我常带她去听音乐会。有一次，一位外国钢琴大师的音乐会需要一位献花的小姑娘，我的朋友推荐了陈彧。陈彧既兴奋又紧张，提前在家里练习了好多遍。她在场下等待上台的时候，小脸儿涨得通红，手心直冒汗。终于等到她上台献花了，她看上去一点也不紧张，微笑着把花递到那位钢琴家手上。钢琴家看见这么可爱的小姑娘，便一手抱着她，另一手举着鲜花。这时记者们的闪光灯亮成一片，她像个小明星一样。回到家我问她刚才在台上紧不紧张，她说刚开始有些害怕，后来就没什么了，还觉得美滋滋的，以后如果有这样的活动她还要参加。

请女儿做英语翻译

一次次这样有意识的锻炼，让女儿的胆量一点点增加，羞涩感一点点减少，女儿有时做的事情让我们刮目相看，至今印象深刻。她上小学三年级的那个春节，我们全家跟随旅游团到新加坡和马来西亚旅游。返程时飞机出现故障，乘客下飞机在候机厅等候。航空公司发给每人一张餐券，让乘客自己选择到任何一家餐厅吃饭。我们这个团队由七八个家庭组成，大都不会说英语，你看看我，我看看你，不知所措。这时陈彧悄悄告诉我她会用英语点餐，我说："那你为大家服务吧。"于是，十几号人跟着陈彧来到一家餐厅，她用英语跟服务员说明情况。因为个头太矮，她不得不站在椅子上，像导游一样，为每个家庭点餐，待大家都吃上饭，她才为我们家点了餐。女儿颇有领队的风范，我们为她感到自豪，她也为自己的勇敢小小得意了一下。

送女儿去卡内基受训

小学毕业后，陈彧刚刚达到上卡内基青少年班的年龄，我便送她去受训。因为我是山东卡内基训练的第一批学员，卡内基课程训练使我改变很大，深知越早接触卡内基理念对一个人的成长越有利。在卡内基青少年班上，陈彧是年龄最小、个头最矮的学员，可她的学习态度是最认真的，毕业时她获得了全班唯一一个最佳成就奖。

开学后，班里竞选班干部，陈彧第一个报名，她用在卡内基训练学到的本领，上台发表竞选演讲，最终获得成功。后来每逢寒暑假，只要有时间，陈彧就回到卡内基训练当学长，在为新学员服务的同时，重温卡内基的理念。

当学长要为学员做示范，陈彧就有机会多次上台带头做短讲、做简报，进行密集的当众演讲练习，训练出在短时间内整理思路，在规定的 60 秒或 90 秒内表达清楚某件事情的能力。初中毕业后，她被学校推荐直升青岛最好的高中。在直升面试中，面对一排考官，她从容回答问题，顺利通过面试。

组织发放爱国主义调查问卷

当同学们还在为中考拼命苦学时，已经拿到高中录取书的陈彧决定不浪费时光，要做点有益的事情。她组织了几名同学在校门口向其他同学发放"中学生爱国主义调查问卷"，将收集到的问卷统计整理后，写成文章投稿给媒体，加强爱国主义教育。青岛新闻广播电台的记者得知此事还专门采访过她。后来，采访过她的记者见到我说："你女儿的语言组织能力和语感非常好，超出一个中学生的水平，说不定将来是一个干主持人的料。"

为二中活动拉赞助

上了高中后，她又竞选上了学生会副主席兼对外总联络长，分管学校的电视台、杂志，以及与外校的联络。在这个平台上，她的组织领导能力和对外公关交往能力大大提高。为了给学校活动筹集经费，她和同学们到培训机构、银行、中介公司拉赞助。虽然每次只有区区一两千元钱，但对于陈彧来说，每一笔都是厚着脸皮、磨破嘴皮子、跑细了腿换来的。

巧出点子推销校刊

有段时间，陈彧分管的校刊《交响》销售不理想，仓库积压了不少杂志。杂志社的同学向陈彧汇报，如果不尽快把存货卖出去，杂志社将没有钱付印刷费。陈彧想了好久，终于想出一个点子。她和同学们分别给青岛各个初中的学生会打电话，向他们推销杂志，得到了大部分初中学生会的响应。

因为中考在即，全市有数万名优秀初中生想考二中，想了解二中情况，阅读该校校刊无疑是一条好途径。征订份数汇总后，陈彧发现征订数量远远大于库存量，于是又加印了一批。在二中开放日这天，初中生们来二中参观，陈彧他们在学校内摆摊设点，每个初中学校学生会主席一手交钱一手提书，不仅把积压的杂志全部卖光，算上加印的份数，杂志社首次实现了赢利。

带队去纽约参加模联大会

在代表学校去纽约参加全美青少年模拟联合国大会时，因为带队老师没有及时拿到签证，不能跟同学们同机到美国。老师觉得陈彧成熟稳重，指定她当队长，负责把同学们带到美国会场报到。回国时，老师因在美国还有其他公务，不能和同学们一起走，又嘱咐陈彧一定要把同学们一个不少地安全带回青岛。

在我们到机场接陈彧时，她看到同学们都被家长一一接走才长长地松了一口气。这些事情是陈彧回来后讲给我听的，她在美国期间我们通过多次电话，她只字未提，怕我们担心。事后想来真有些后怕，一个从未去过美国的孩子领着一群一般大的孩子，中间还要转机，万一出点什么事，怎么向学校和家长交代？

父母要做孩子性格和气质的第一个"雕塑师"

父母作为孩子性格和气质的第一个"雕塑师"，在孩子性格、气质的形成和才能的发展上起着奠基的作用，要摆脱"女子无才便是德""女孩子学得好不如嫁得好"等陈腐观念，从小培养女孩子自信、勇敢、坚强的性格，长大后才能自尊、自强、自立，才能在社会大潮中游刃有余。从这个意义上说，陈彧被同学们封为"御姐"也算是实至名归。

演讲，让女儿变自信

2011 年 5 月的一天，青岛黄海饭店，能容纳几百人的大会议室座无虚席，连走廊两边都站满了人。台下坐着的是望子成龙、望女成凤的家长和孩子；台上，著名的中文卡内基训练之父黑幼龙先生刚刚做完亲子教育讲座。陈彧被请上台，只见她扎着马尾辫，穿着海军衫，不慌不忙地走到台中央，向大家鞠了躬，不急不慢地开始题为《沟通与自信》的演讲。我坐在台下，耳边飘来一位家长的议论："看这孩子，真行，说起话来有板有眼，一点也不紧张。" 陈彧的演讲能力决非天生，而是多次训练的结果。

初一开始进行演讲训练

在陈彧小升初的那年暑假，我送给即将成为初中生的她一份礼物——为她支付了 4500 元学费，送她去卡内基青少年班受训。我本人三年前参加了卡内基训练，大大提高了沟通能力和演讲能力，切身体会到了这个有着百年历史的训练课程对挖掘人的潜能、提升自信的作用。

陈彧天生性格小心谨慎、内向，偏完美主义，还有一点自卑感。在小学上课发言时，如果对答案没有十分的把握，她绝不主动举手，一旦被老师叫起来，她的脸会迅速红到脖子根。碰到学校里一些出头露面的事，她能躲就躲，总怕自己做不好，觉得自己不如他人。

心理学家认为，自卑感是一个人成长过程中不可或缺的东西，因为每个人的能力都有高下优劣之分，都有不如别人的方面，所以容易产生自卑感，为了克服自卑感，便会努力改进。然而，自卑感并非都能催人上进，过度的自卑会束缚自身的发展，这也正是我送她受训的目的。

卡内基训练有大量的短讲练习，在规定时间内，学员要把一件事情按时间、地点、人物、事件、结果分层次地表述清楚，有点像新闻导语中的"5 个 W"。第一天受训回来，陈彧告诉我，第一次轮到她上台，她吓得手心出汗，心都快要跳出来了，硬着头皮上去，磕磕巴巴地讲了她到马来西亚旅游，因飞机故障滞留机场，她用英语给大家点餐的故事。没想到老师居然表扬了她，以后她再上台就没有那么怕了。

多找机会当众讲话

卡内基训练结束后，我鼓励她趁热打铁，巩固受训成果。于是，陈彧开始寻找更多的演讲机会，来锻炼自己的胆量，而不像过去那样绕开这类活动。最初，由于讲得不够好，有的同学会用奇怪的眼光看她，这让陈彧有了退缩的念头。这时我告诉她："谁都有这样的一个过程，谁也不是天生就讲得那么好，笑话你的人可能还不如你。"

对于陈彧一时做不好的事情，我会让她学一下阿 Q 精神，学着放松。开学不久，班里要竞选班干部，陈彧拿不定主意是否参加，回来跟我商量。我说："去试试，正好用一下你在卡内基训练课学到的本事。竞选前几天，你在家里练习，让我们当听众。"

作为一名"完美主义者"，陈彧有一个习惯，一旦她的演讲被打断或者出现口误，她一定要从头讲起。我给她指出了这个毛病，并告诉她："人不是复读机，口头表达更是随机、感性的，出现这样的小问题是正常的，大人们也常常犯这样的小错误。何况你是一个中学生，只要你的演讲内容好，就瑕不掩瑜。出现小错误时，不必停顿，不必从头再来，要继续说下去，就像没发生一样，如果从头再来，反而强化了错误，而且也许听众并不在意你的错误。"

当班干部街头义卖报纸

经过几番练习，陈彧竞选成功，当上了班级团支部书记。这次经历让陈彧的自信心得到了提升，让她不再那么害怕当众讲话。当了班干部，就要出面做一些组织工作，这让陈彧自卑、害羞的心理逐渐减少。有一段时间，她组织同学们在课余时间义卖报纸。他们班的地盘是热闹的辽宁路科技街。她觉得自己是班干部，一定要多卖一些报纸。于是，她刚开始羞羞答答地小声卖报，到后来大大方方地大声喊，像一个老练的报童。她还总结出什么样的人会买报纸，什么样的人会拒绝她。

成绩下降时，需要妈妈的鼓励

陈彧从小就是个乖乖女，做事认真、努力，学习成绩自然不差，年年都是"三好学生"。初中刚开学，学校进行摸底考试，她考得不错，被分到重点班，老师欣赏她，同学们簇拥着她，一时间她飘飘然，觉得自己天生聪明，不用怎么用功成绩就好。不知不觉中，她的学习成绩下滑，名次从前三名滑落到前七八名，同学们渐渐不再与她讨论功课，老师也不再表扬她，她感到有些失落，觉得抬不起头来。

我注意到她的情绪变化，跟她聊天，告诉她："你不笨，但也不是天才，智商属于中等偏上，不然为什么你以前的成绩那么好。学习成绩有起伏是正常的，但要在小范围内波动，成绩下滑不是因为你变笨了，而是因为骄傲了。不信你试试，拿出比以前更加刻苦的劲头来，成绩一定会像以前一样好。"果然，陈彧铆足了劲，学习成绩又回到了前三名的行列，从初中到高中，她的学习成绩大致保持在这个水平。

自信是由内心而生

几年后，陈彧跟我聊起自信话题时说："一开始，当我得到了表扬以后，便觉得自信，其实这不是发自内心的自信，是外界给予的。他们一旦不再表扬我了，我就不知所措，所以，这不叫自信，是他信。当我能对自己的行为负责时，这种体会让我感到自信，这种由自己内心生出的信心，不会因外界的变化而失去，像是在心里生了根，我相信自己能行。"

初中毕业时，陈彧以优异的综合成绩被学校推荐直升青岛二中，通过二中面试后，最终被正式录取，这也意味着陈彧绕开了中考。那年五月份，正当同学们抓紧学习迎接中考时，她已进入放假模式。对于一个学霸来说，她不可能无所事事，于是报名参加了新东方英语培训班。

高中还未开学，二中选拔参加北京蔚蓝国际模拟联合国人员，选拔范围扩大至即将入学的新生。陈彧报名后被选中，暑假期间跟着学哥学姐们到北京参加夏令营。活动期间，她主动找陌生同学聊天，按照卡内基训练的要求，面带微笑，先报出自己的姓名、学校，给对方留下良好的第一印象。用这种方式与陌生人交流，一般百发百中，因为没有人会拒绝一个友善的人。这次活动使她增加了自信，锻炼了口才，提高了英文水平，使她对未来的高中生活充满信心。从此陈彧进入成长的快车道，一路过关斩将，顺利考入美国常春藤大学。

从克服自卑到拥有自信，陈彧用了四年时间。自卑是可以克服的，自信是后天培养出来的。自信是一种状态，是一种坚守自己心中原则的笃定，是一种顺境时不会迷失自己，逆境时不会放弃自己的心态。在为人生打基础的青少年阶段，如果拥有自信，就好像给心安上了发动机，内生出动力，很多问题都会迎刃而解。

腹有诗书气自华

在日常生活中，经常见到一些容貌漂亮、打扮时尚、浑身都是名牌的女孩子，可惜缺乏气质。气质这种东西，很难用语言准确表达，但人人都能感觉到。有些女孩子长得不是很漂亮，但她们身上散发着独特的气质美，给人留下深刻的印象。更可贵的是，气质美不像容貌美那样短暂，随着年龄的增长，魅力不减。我在培养女儿气质方面花的心思远多于培养她的外在形象。

气质美也分几类，有艺术型的，如舞蹈家杨丽萍；有书卷型的，如大学教授于丹；有领袖型的，如前国务院副总理吴仪；有优雅型的，如主持人杨澜。我和女儿都欣赏杨澜这种类型。气质虽然包括衣着与修饰方面的品位，但品位更多来自内在，来自知识、品德、性格、艺术修养等综合的作用。

学书法

女儿从小受我的影响喜欢书法。她三四岁开始接触书法，十岁起正式拜张紫溪为师。她从颜体入门，后来又写过欧体，在隶书上苦临张迁碑，对行书、篆书、金石也有涉猎，十七岁时出版了书法作品集。

诗词与书法是一对孪生姐妹，女儿学书法的同时引发了对古诗的兴趣，背了不少唐诗宋词。有一段时间她迷上了安意如的作品，像《人生若只如初见》《陌上花开缓缓归》等，对她影响很大，这些"养分"无形中提高了她的文学修养。

到了康奈尔大学后，女儿加入了学校的亚洲协会，在协会教同学书法。我开玩笑地说："就你那水平还当老师，不是误人子弟？"因为练书法、教书法，女儿的气质有了淡淡的书香气。在一次留学生春节聚会上，女儿身穿青花瓷的旗袍表演书法，一位美国小伙子被吸引住了，向她表达了爱慕之情。尽管这是一段美丽的邂逅，但从另一个侧面彰显了女儿腹有诗书气自华。

弹钢琴

虽然跟书法比起来，她不是很喜欢学钢琴，但在我的"威逼利诱"下陆陆续续学了七八年，期间经常被我拉去听各种音乐会。在纽约期间，她经常去百老汇听歌剧，参观博物馆、艺术馆，领略世界一流的艺术，艺术鉴赏力远高于我。

学舞蹈

形体美是修炼气质的重要部分。在古希腊，漂亮女孩的标准是既苗条又整洁。拥有匀称的身材和优雅的仪态对一个女孩的自信和社交非常重要。我年轻时受过"舍宾形体雕塑"训练（一种发源于俄罗斯的形体训练体系，追求人体静态形体美、动态美、气质美和整体美），受益匪浅，深知形体是可以通过训练改变的。

女儿属于天生纤细的体型，身材比例好。在她四岁的时候，我送她去学舞蹈，老师也认为她是一个舞蹈苗子。可去了没几个月，她吃不了那份苦就不再练了。长期的伏案学习使她看起来有些驼背，走路姿势也不美观，站姿也不挺拔。

学仪态

拿到康奈尔大学的offer（录取通知）后，其他同学还在为高考冲刺，她赋闲在家，便报了一个模特训练班。她做事一贯认真，对模特训练也很投入，效果明显，纠正了驼背、走路不稳的毛病，老师甚至动员她报名参加啤酒小姐大赛。

爱上游泳

游泳是一项益处多多的体育运动，让孩子学会游泳，不仅能让孩子拥有一个在关键时刻求生的本领，还能增强体魄，练就健美、匀称的体形。女儿上初中时，学校还没有普及游泳课。初二暑假，我请专业教练教女儿游泳。经过一个暑假的学习，女儿基本掌握了游泳的四种标准姿势。从此，她喜欢上了游泳，只要有条件，就主动去游泳。

游泳增强了她的体能，体形也从豆芽菜变得亭亭玉立，个头也长高了。进入二中学习后，学校有正规的游泳馆，每次上游泳课都是女儿秀泳技的时候。她刚进二中时还是班里的小个子，高中毕业时身高跃升到中等行列。

多读闲书

气质不是学来的，而是培养出来的，平时要多学知识，多读书，多思考。女儿读完大学，很久没见的人都说女儿变了一个样，其实就是校园生活熏陶出来的。

我一直觉得女儿在上大学以前闲书读得少，就好比一个人只吃大米白面，吃五谷杂粮吃得少，营养不均衡。读闲书虽占用时间，但可以扩宽视野和增长阅历。为了取得好成绩，女儿把大部分精力放在教材和教辅材料上，留给读闲书的时间少得可怜。

其实，想成为一个拥有完整思想的人，光靠教材上的知识是远远不够的。从严格意义上说，学习教材，好像飞行员学开飞机、修理工学修汽车，是学习谋生的技能。幸运的是这种情况在她留学期间有所改善。康奈尔大学本科注重通识教育，即使是理工科的学生，也要修一些人文、社科课程，读一定量的闲书。在康奈尔大学的四年本科生活，算是在一定程度上弥补了她的短板。

一个人的气质是内部修养、外在行为谈吐、待人接物的综合体现。优雅大方、自然清新的气质会给人一种舒适、亲切、随和的感觉。通过培养气质来使自己变美的女子，比用服装和饰品来美化自己的女子，具备更高的精神境界。当然，最理想的是两者的结合，如果达不到，那还是先修炼气质吧。

送人玫瑰，手留余香

这里记录了我家日常生活中再平常不过的生活细节，相信很多人都有这样的经历，正是这些不起眼的小事，促进了女儿价值观的形成。

用生活细节来教育女儿

外出回家时我先要打开单元防盗门，再上几层楼进入自己家。我住的楼有四个单元，我家在其中的一个单元里。一次，我和女儿一起回家，我在防盗门前面插钥匙，听见后面有人，开了门我没有马上进去。女儿问："妈妈，你怎么不走了？"我说："等一等。"这时后面的人走近，进了同一个楼道，朝我微微一笑，我也回报了一个笑脸。回到家，女儿问："妈妈，你身后长眼了吗？你怎么知道后面的人是咱们单元的？"我说妈妈不是蜻蜓，没有复眼，我只是猜想他也许要进这扇门。

我家附近有一个很大的室内农贸市场，一次我和女儿去那里买菜，一个头发花白的驼背老人推着一个装满垃圾的独轮小车朝我们走来，突然他脚下踩了一块香蕉皮，眼看着他和车子要歪倒，我赶紧走上前扶了一把，小车才没有歪倒。老人感激地说了声谢谢，我笑了笑，挥手致意。女儿说："妈妈，你反应好快哟，不过你看你的衣服。"我低头一看，白色的裙子蹭上了一片灰，我打趣道："像不像一朵墨梅？"

用压岁钱捐赠希望工程

女儿上小学一年级的时候，学校还没有免除义务教育阶段的学杂费。那年的春节，长辈们给了女儿800元的压岁钱。我问她拿这些钱打算干什么，她说先买些粘贴（一种带图案的不干胶花纸），再买些文具，把剩下的钱存起来。

我告诉她："有些农村的小朋友，没有人给他们压岁钱，也没有漂亮的衣服和玩具，没有钱上学。你有那么多好东西，也用不完这些压岁钱，可不可以拿出一部分压岁钱帮助一个孩子上学？"

女儿用怀疑的目光看着我，似乎不相信世界上还有这样的小朋友。我说："真的，你去看看就知道了。"过了几天，我带着她到了团市委，走在肃静的大楼里，来往的工作人员看到女儿，纷纷投来质疑的目光，小孩子来这里干什么？我心里说，别看俺孩儿小，她可是来办正经事的。

在团市委的希望工程办公室，工作人员拿出需要捐助的儿童名单让我们挑选，我们选中了一名和女儿同岁的青岛郊区女孩慧儿。女儿从随身的小包中拿出400元钱，伸出双手郑重地交给工作人员，像是完成了一项重要的交接仪式。是的，400元对于一个孩子来说是一笔巨款。第一次走进庄严的政府大楼，以自己的名义捐助一个不认识的同龄人，用稚嫩的小手签上自己的大名，对于女儿来说不是小事儿。

过了元宵节，我们一家驱车来到市郊，在一排排整齐的瓦房后面找到了土坯房里的慧儿。从阳光灿烂的室外走进黑乎乎的屋里，我们的眼睛适应了一会儿才看清周围的一切。屋里冷飕飕的，几乎没有像样的家具，慧儿比女儿大几个月，却比女儿矮许多，脸颊上有两块冻疮，头发打成了结，像是好久没洗。

慧儿怯生生地看着我们一家人不说话。女儿把带来的书、本子、文具、小零食等放在炕上，和慧儿一起看书。慧儿渐渐地放松了，跟女儿交流起来。在与慧儿姥姥交谈中我得知，慧儿是个可怜的孩子，从小父母离异，妈妈外出打工，她跟着不识字的姥姥姥爷一起生活，得到了希望工程捐助，慧儿才得以上学。

从慧儿家回来后，女儿时常惦记着慧儿，一有什么好东西，她总要留出一份给慧儿，再也不像以前那样只要是不喜欢的东西就马上丢弃再买新的。以后我们又去看望慧儿几次，每次回来女儿都会有些变化。后来慧儿跟妈妈到外地居住了，我们才中断了联系。

在孩子的成长过程中，与其接触最早、最多、最久的是妈妈，孩子最初的行为习惯大多是通过模仿妈妈形成的。妈妈的一言一行犹如一本无言的教科书，在潜移默化中影响着孩子。爱笑的妈妈，给孩子播种阳光；积极向上的妈妈，孩子长大也努力奋进；助人为乐的妈妈，孩子也愿意帮助人。帮助的是他人，快乐的是自己，所谓送人玫瑰，手留余香。

当志愿者爱上帆船

　　我的家乡青岛是个美丽的海滨城市，2008 年北京奥运会帆船比赛曾在这里举行。奥运会结束后，市政府着力打造帆船之都的城市形象，参与了几个重要的世界级帆船赛事，"克利伯环球帆船赛"就是其中之一。

成为帆船赛志愿家庭

　　2010 年元宵节前后，青岛迎来了克利伯环球帆船赛的船队。为了彰显青岛人的热情好客，青岛市政府公开在全市招募志愿家庭，被选中的家庭要在元宵节当天接外国船员到家中过节，体验中国的民俗。我家报名后被批准，成为志愿家庭。

　　元宵节的早上，我们全家来到奥帆基地接船员，分配到我家做客的有两位船员，一位是"澳大利亚精神号"船员罗伯特，他在澳大利亚从事教师职业，另一位是女船员乔，是一位爱尔兰退休护士。从此刻开始，陈彧的角色既是小主人又是翻译。

到家后，我拿出两套包装精美的礼品毛笔送给罗伯特和乔。陈彧打开其中的一套，介绍毛笔的用法。罗伯特送给我们一张印有家乡风景的图片，乔回赠了一块印有克利伯帆船赛航线图的手帕。随后，我郑重地表演茶道，泡了一壶铁观音给他们品尝。

事后我问陈彧"铁观音"怎么翻译，她说："我当时一听就发蒙了，总不能翻译成铁制的佛像吧，只好翻译成中国福建有名的绿茶。"

三泡茶后，我们来到书房，我用毛笔写了一幅"一帆风顺"的条幅送给他们，祝他们下一个航程平安顺利。陈彧则手把手地教他们写毛笔字，记者们把这一瞬间抓拍下了来。事后有关部门把这张照片印在海报上，当作宣传城市形象的招贴画。

写完毛笔字，我们又开始打乒乓球。乒乓球是中国的国球，也是我们全家人喜欢的运动。那天，我和陈彧组成的"国家队"与船员组成的"国际队"一交手，明显感觉到他们略逊一筹。之后我们又教两位船员包饺子、吃饺子……

虽然只有短暂的一天，但陈彧和两位船员交谈甚欢，很快成了朋友，罗伯特告诉陈彧许多航海的乐趣和冒险经历，建议陈彧有机会尝试帆船运动。从那时起，玩帆船像一粒种子种在了陈彧心中。

在向遥远的旧金山进发期间，罗伯特和乔时常给陈彧发邮件，报告他们的行程和航海趣事。此后几年，他们一直与陈彧保持着邮件联系。

驾帆船畅游海湾

高三下学期，陈彧拿到康奈尔大学录取通知书后有了充足的时间，便开始圆她的帆船梦。三伏天，她天天泡在海里，人晒得像个小煤球，但身体结实了许多，细细的小胳膊上竟鼓起了一包小肌肉。有一次船翻人落海，她先是吓了一跳，好在她会游泳，又穿着救生衣，短暂惊慌之后，憋了一口气浮出海面，又拼了吃奶的劲把船翻过来继续玩。

在奥帆基地接受了一段时间的帆船培训后，瘦弱的她竟能驾驶着帆船在浮山湾自由驰骋，追风逐浪，真让我不敢相信。

到了康奈尔大学后，作为最早以体育赛事组成联盟的常春藤盟校，康奈尔大学一向有重视体育的传统，学校开设了帆船课。大四下学期，陈彧报名上了帆船课，系统学习帆船理论知识和实际操控技能，学会了驾驶中型帆船，她又掌握了一门技能，尝到了冒险的乐趣。

没有想到一次志愿服务，竟意外地让女儿爱上了一项体育运动，锻炼了她的体魄，丰富了她的阅历，这也许是上天对志愿者的回报吧。

礼貌如香气

女儿上高中后开始住校。最初的一段时间，新鲜感让女儿每天晚上回到宿舍就给我打电话。像往常任何一个电话一样，开头是："喂，妈妈，你好！"结束语是："那就这样吧，谢谢妈妈，再见！"

有一次，女儿通完电话，旁边的同学问她："你是在跟你妈通话吗？这么客气，像是跟外人说话。"女儿说："我从小到大都这样，你呢？"同学说："我跟我妈一般不说你好、谢谢、再见。跟妈妈还这么客气，显得太生分了。"女儿不知如何接话，只得干笑一下。

通过言传身教让女儿养成礼貌习惯

孩子的礼貌习惯折射出一个家庭的教养和父母的素质。我从事的是通信行业，孩子出生时家里就安装了电话，用手机也比较早，所以孩子一懂事就接触电话、手机，每天听我打电话、接电话，常常模仿我打电话的姿势、语气。久而久之，我的电话礼仪深深地刻在她的脑海中。她变声后，由于遗传的作用，她的声线和我很相似，常有亲朋好友在电话里把她误当成我，她使用的礼貌用语和说话时的沉稳劲、语气、音节停顿都很像我。

在我们家，如果她帮我干了某件事情，干完后，我总会说："谢谢宝宝。"如果我做错了某件事，一定会向她道歉。

有一次，我躺在床上看书，手头没有笔，让她到楼上书房拿一支给我。她拿来后交给我，我接过笔低头写字，她一直站在那里，没有离开，我说："没事了，你忙去吧。"她说："妈妈，你还没说谢谢呢。"我连忙补上谢谢两字。我觉得好笑，这个认真、古板的孩子。按照对等的原则，我瞅准机会，回敬了她一次。

不久后的一天，她写作文时需要查一本书，让我帮忙找，我费了好大的劲才找到，然后把书递给她。她头也不抬，接过书便看起来。我从后面一把将书抽回来，她吓了一跳。我微笑着抱着书，不说话，似乎在期待什么，她马上反应过来，立即说："谢谢妈妈！"我微笑着点了点头，把书还给她，转身离开。

鼓励女儿向人问好

女儿天生性格内向，小时候见了生人总往我身后躲，一说话脸就红。为了锻炼她见人主动打招呼，我便给她做示范。我见到邻居时，主动向人家问好，然后叫女儿问爷爷好、奶奶好、阿姨好。一开始她的声音怯怯的，像在嗓子眼里，即使这样，对方也会立即表扬："宝宝乖，有礼貌。"回到家里，我当着孩子的面跟家人说，宝宝今天又问邻居王奶奶好了。几番表扬后，孩子再见到邻居，不用我说，也会习惯问好，声音越来越大。她从小到大经历过好几次搬家，邻居们都知道我家有一个懂礼貌的孩子。

俗话说"礼多人不怪""伸手不打笑脸人"。虽然我们住在高楼大厦中，与邻居来往不多，但我带着孩子主动跟邻居打招呼时，从来没有遇到冷面孔的人。

教养比成绩更重要

女儿经常带同学到家里玩，有的同学有礼貌，有的同学没有礼貌。他们走后，我会对有礼貌的同学赞扬一番，让女儿多跟这样的同学交往，远离没有礼貌的同学。有礼貌是有教养的指标之一，大多数情况下，有礼貌的孩子学习也不错。作为一个完整意义上的人，有教养比学习成绩好更重要，成绩是一时的，教养是终生的。孩子终究要长大，要走向社会，无论从事什么工作，都要与人打交道。如果他没有基本的礼貌和教养，即使工作能力再强，恐怕别人也不愿意同他交往，他的职业道路将来也很难顺利。

前不久，单位新进了一名员工，业务能力不错，就是没有礼貌，见了同事从不主动打招呼，与同事交流工作时也不用敬语称呼对方，而是以"哎"开始，让人很不舒服。因为还处在试用期，是可以辞退她的。我动了恻隐之心，虽然这名员工没有礼貌，责任不在她，而在她父母。年轻人找份工作不容易，给她一次改正的机会吧。那天中午吃饭时，我端着餐盘看似无意地坐在她身旁，谈起礼貌的话题。后来，这个同事有所改进，勉强留了下来，不过，已经在领导和同事们的心目中留下了没礼貌、教养差的印象。

仔细一想，这难道不是学校、家庭、社会造成的吗？家庭和学校都应该是培养孩子良好习惯的地方，那名员工却折射出礼貌教育的缺失。

礼貌教育最能体现"身教重于言教"，家长与其用语言去指点孩子如何讲礼貌，不如从自身做起，示范给孩子看。在讲礼貌的环境中长大的孩子，不需要家长告诉他什么叫礼貌，他也同样能做得好。

有礼貌的人如同散发着香气的花朵，人见人爱；有礼貌的人如同洒了香水，让人未接触已有好感。

路遇乞丐

　　那是一个初冬的傍晚，我和女儿外出吃饭。刚下出租车，迎面走来一位面色黝黑、满脸皱纹的老婆婆，她的声音怯怯的，含糊不清地说着什么，仔细听才明白：她的儿子和儿媳妇在青岛打工，她找了七八天也没找到人，问我们能不能帮她找找，接着又说她找不着他们，又没有其他亲人，现在没有饭吃……

　　听完老婆婆的话，我半信半疑，女儿似乎猜出了我的心思，趴在我耳边小声说："妈妈，你看她多可怜，她说的话也许是真的，我们给她点钱吧。"我想了想，对老婆婆说："你在这里等着，我们去给你买吃的。"说完，我们走向旁边的超市。我让女儿把买的食物送给老婆婆。这时天已经完全黑了，又刮起了大风，风卷着地上的落叶扑向路人。我站在超市门前的广场上看着女儿的背影，心想：这孩子心地真是善良，可是，善良的人容易被人欺骗，明年她将独自出国闯荡，是时候让她了解社会的真相了。

　　可我该如何拿捏这个度，既能保护她善良的天性，又不让她的天性被利用呢？

女儿在刚才下车的地方来来回回寻找那位老婆婆，找了几遍也没找到，失望地回来了。也许老人遇到太多骗她的人，根本不相信我们真的会给她买吃的，也许她只想要钱。我们走进了饭店，边吃边聊，女儿问我以后再遇上这样的情况还要不要帮。我告诉她，如果有能力，还是帮一帮为好，特别是遇上老人或小孩行乞时。女儿想了想说，要是世界上没有乞丐该有多好。

我自然知道她这个高中生的想法很幼稚，但她能有对弱势群体的怜悯心和接济天下的想法让我很欣慰。不管这个想法将来能不能实现，至少是她年少的梦想之一。我花费心血，不仅仅要培养一个好学生，更想培养一个能为社会进步尽一点微薄之力的公民。

于是，我先肯定了女儿的想法，又告诉她："眼下咱们国家还不太富裕，要改变现状，需要几代人努力，未来就靠你们这一代了。等国家富裕了，人们生活好了，乞丐自然就少了。你要是将来有了能力，可以做慈善，像比尔·盖茨、特蕾莎修女那样，帮助需要帮助的人。"

吃过晚饭，我们走出饭店。风停了，一轮皎月挂在天上，大妈们在超市前的广场上跳着广场舞，一派和谐美好的样子。我们又看见了那位老婆婆，她正坐在不远处的台阶上，我俩把刚才为她买的晚饭放在她的面前。老人似乎已经不记得我们了，机械地点头表示感谢。我挽起女儿的手，边走边告诉她我判断乞丐真假的办法：如果他问你要钱，你要给他食物；如果他问你要食物，你可以给他钱，遇到真乞丐时，要尽可能帮助他。

有心栽花与无意插柳

有一天，女儿来电话让我看微信，她刚写了几幅书法习作，让我给她挑挑毛病。那是她大三开学后第一次写字，用颜体写了几首七言古诗。她说今晚不知道为什么就想写字，于是推掉了周末的聚会，专心在宿舍里研墨写字。说实在的，我觉得她写得退步了。不过，为了鼓励她，我用在卡内基训练时学到的方法：凡事皆以真诚的赞赏与感谢为前提，以间接的语句指出他的错误。我在微信上留言："不错，在学习那么紧张的时候你还能抽出时间写字，难能可贵，赞一个！如果经常写，你的字一定能超过在国内时的水平。"

女儿的书法爱好受我的影响很大。我自幼喜欢写毛笔字，有了女儿后仍坚持这个爱好。她三四岁时，常在我写字时捣乱，为了让她别给我添乱，我给她毛笔和宣纸，让她随便画。她画什么我都说好，受到表扬后她更来劲了，一来二去，不知不觉中她竟对笔墨有了兴趣，这大概就是人们常说的家庭熏陶吧。

逼女儿学弹钢琴

女儿上小学时，很多家长都让孩子学弹钢琴。在我心中始终有这样一个画面：一个女孩子穿着白纱连衣裙，坐在锃光瓦亮的钢琴前弹奏，显得那么优雅。小时候家里没条件让我学琴。我有一个同学会弹钢琴，我常到她家听她弹琴，很是羡慕。现在我有能力了，为什么不让女儿替我弥补童年的缺憾呢？于是我让女儿从六岁开始学琴。

刚开始那会儿，女儿还算喜欢弹琴，但随着课程难度加大，她渐渐失去了兴趣。每天吃过晚饭，我都是横眉冷对地站在钢琴旁监督她练琴。因为练琴，我没少对她发火，家中大人吼，孩子哭，猫儿一见女儿弹琴都会躲到一旁，生怕被当成出气筒。

女儿学琴的日子就这样别别扭扭地熬着。女儿虽不敢提出不学弹钢琴了，但行动上消极应付，进步缓慢。我也很苦恼。

女儿主动学书法

在女儿十岁的那个暑假，一天，我下班一进家门，女儿就迎上来跟我说："妈妈，你看见门口贴的那张书法班的广告了吧，我想学书法。"我一听，心中窃喜，其实我早想让女儿学书法了，写一手好字能受益一辈子。但碍于女儿学钢琴的不愉快经历，怕再让她学书法会引起抵触，现在孩子主动提出，我自然很高兴。

我故意装作漫不经心的样子说："好是好，只是你现在练钢琴就已经挺累的，再学书法能行吗？"女儿急忙说："可以呀，我可以挤时间啊。""那好，既然是你自己提出要学，得先答应我两个条件，答应了我就同意。"

女儿问什么条件，我说："一是不能半途而废，二是不能耽误练琴。"女儿犹豫了一下，噘着小嘴，很不情愿地说："那好吧。"我猜她可能是想用学书法替换掉讨厌的钢琴，没想到……

从那时起，她开始正规学书法。每次上课，无须我提醒，自己收拾好东西去老师家，也从不落课，这跟她上钢琴课的表现大相径庭。老师也喜欢这个认真又有灵气的学生，常常表扬她。真是应了那句话："兴趣是最好的老师。"从小学三年级到初中毕业，女儿一直坚持利用业余时间学书法，还得过不少奖。上了高中后，因为住校，没有条件练字，才不得不中断。即使这样，周末回家的短暂时间里，她也会抽空写上几笔。

女儿学书法从颜体入门，她喜欢颜体的结体方正茂密，笔力雄强圆厚，气势庄严雄浑。后来她又写过欧体，在隶书上苦临张迁碑，对行书、篆书、金石也有涉猎。2011 年女儿出版了她的书法作品集。对于一个 17 岁的孩子来说，也算是小有成就。这本作品集为她叩响美国常春藤大学的校门助了一臂之力。

女儿学书法的时间满打满算只有六年，在我看来，她的书法还处于稚嫩的初级水平。没想到，一不留神，她竟然客串起了小先生，她的学生都是康奈尔大学的同学。在康奈尔大学，女儿加入了学校的亚洲协会，在协会里教书法。

培养孩子的爱好要尊重孩子的天性

女儿对学钢琴和学书法的两种态度提示我，培养孩子的兴趣和爱好不能赶时髦、随大流，也不能强迫孩子去学习自己不喜欢的东西。诚然，在老师和家长的压力下，孩子也许可以掌握一些技巧，能够基本达标，但如果不是出于主动，不是出于兴趣，那么孩子可能不会产生灵感，也感觉不到快乐。妈妈只有尊重孩子的天性，找准孩子的"天赋"，孩子的学习才会做到事半功倍，兴趣才会变成乐趣。

她在天堂会后悔吗

　　那是一个周一的下午，女儿来电话告诉我，她班上一名女同学昨晚跳楼自杀了！我听了很震惊。

　　我在女儿高一新生报到那天见过那个女孩，长得文静、清秀，很讨人喜欢，她和陈或一个宿舍。我和她父母分别给自己的孩子铺床，她父母很和善，我们还聊了一会儿。

　　我真为这个可爱的女孩惋惜，为她的父母难过。如花般的少女瞬间消失了，这让她的同学、父母怎么接受呢？

　　或许那个女孩在跳楼前，经历了激烈的思想斗争：跳还是不跳？死还是活着？最终，她做出了决定，毅然决然地纵身一跳，结束了她18岁的年轻生命，留给同学们一片惋惜，留给父母后半生无尽的悲伤。

　　周日女儿回到家，我问她那个女同学自杀的真正原因是什么。女儿说自己忙于准备出国留学，很少与那个女生交流，据同学们说那个女生性格有些内向，为了一些琐事，一时冲动，便跳楼了。

　　我问女儿："你对这件事有什么看法？"

"我觉得太可惜了，但又觉得她死得太不值得，除了伤害了世界上最疼爱她的父母，毫无意义。"

我说："是啊，她以为生命是她自己的，她想结束就结束，实际上她的生命不仅属于她，还属于她的父母，她不该这样草草结束自己的生命。退一万步说，世上哪有过不去的坎？何况她还是个中学生。有什么大不了的事，非要自杀呢？"

孩子健康、安全是家庭幸福的首要条件，失去孩子，这个家庭就失去了欢乐和希望。人的一生要经历许多意想不到的困难和坎坷，我们把握不了外界的因素，但至少可以注重心理健康，提高抗压能力，避免走上自杀的道路。

再过四个月，女儿将远渡重洋留学。虽然她已经 18 岁了，但到一个语言不通的陌生国家，一个人生活、学习，一开始肯定不适应。况且她准备去就读的大学学业压力很大，每年都有学生因无法承受学习压力而选择自杀。我借用这个活生生的事例，给女儿进行了一次珍爱生命的教育。

我跟女儿说："就算全世界都抛弃了你、辜负了你，你还有父母的爱，还有家，家永远是你最稳固的堡垒、最温暖的爱巢，父母永远不嫌弃自己的孩子。世界上没有过不去的坎，退一步海阔天空，只要生命在，一切都可以从头再来。一个人面对挫折和痛苦的态度，决定了他的人生和成就。这个世界一点也不可怕，只要内心够强大，痛苦和纠结不过是露珠，迟早会在阳光下化为蒸气。"

几天后，女儿参加了同学的追悼会，下午给我发了一条短信："一切都结束了，愿她在天堂安息，可惜人生是一张单程票。"我知道，这件事让女儿得到了珍爱生命的教育。

与其逃避，不如共舞

春节到朋友家拜年，朋友的小孙子长得白白净净，是一个可爱的小男孩。他正窝在沙发里玩 iPad（平板电脑），在奶奶的催促下叫了我一声，算是打过招呼，然后继续埋头玩。对于我送给他的红包，他连看都不看。朋友无奈地叹息说："真没有办法，整天玩这玩意儿。"

玩手机、玩 iPad 是如今小孩子很热衷的事，连说话还不利落的小宝宝，都已经会用粉嫩的小手触摸屏幕。就像"80 后""90 后"年轻人小时候迷恋电视一样，让很多父母头痛。

手机、微信是互联网时代的虚拟身份

21 世纪是信息时代，人们获取信息的渠道已经从 PC（电脑）端转到手机端。手机已不仅仅是一个能打电话、发短信的通信工具，还是你的钱包、你的社会关系、你的百科全书、你的快乐大本营、你的生活助理……未来，信息化程度会更高，对手机的依赖会更强。在这样的环境中成长的孩子，不可能不受影响。对于孩子来说，掌握手机

这个工具是未来生活必备的能力。手机、微信是人们生活在互联网时代的虚拟身份，没有这个身份，你的孩子将来有可能是这个时代的"黑户"。

家长们一想到孩子用手机，脑海中首先跳出来的是各种负面的信息：孩子玩手机容易玩物丧志，耽误学习，影响健康，容易学坏，等等。但是任何一种工具都有两面性。汽车可以给人带来快捷的交通、舒适的乘坐体验，还会带来交通伤亡事故，但是人类并没有因此而停止制造、驾驶汽车，根本原因是汽车的利大于弊。同样，手机的正面意义是可以让孩子查阅资料，获取大量的资讯，与同学们建立友好关系，带来人际关系的提升，娱乐身心，方便生活，总之正面作用大于负面影响。家长要引导孩子正确使用手机，而不是简单粗暴地逃避它、封杀它。

孩子为什么会沉迷于玩电子产品

孩子们为什么会沉迷于玩手机等电子产品呢？我以为，一是因为无聊；二是可能真的需要查资料或跟同学交流。孩子普遍精力旺盛，如果父母不陪伴孩子，孩子在家里又没有玩伴，总不能期望一个小孩子像老人那样沉思、晒太阳、睡觉吧，孩子也不可能一整天都在学习（除了考试前）。如果没有比手机更好玩的玩具，没有比玩手机更有趣的事情，他不玩手机、不玩 iPad、不看电视才怪呢。

由于互联网和社交媒体的普及，如今的社会已不同于我们小时候，那时的社会形态是直线的、单向的，生活圈子是狭小的，而现在的社会是开放的、多元的，生活是富足的，人们开始注重社交。社交和吃饭一样，本身就是人天生的欲望，现在连上幼儿园的孩子都有社交，有朋友圈。既然要社交，就需要社交货币。什么是社交货币？就是你的信息能够帮助其他人社交的某个过程，这就相当于提供了一种新的货币激励——社交货币。

要想社交就要有聊的话题，不要以为只有成人才会聊天，小孩子也会聊天，他们也会聊他们感兴趣的话题，不断创造话题是孩子们构建友谊的方式，也是在积攒社交货币。

某个阶段迷恋某样东西很正常

孩子在某个阶段迷恋某样东西是正常的现象。每个时代的孩子都有迷恋的东西。回忆一下你小的时候，是不是手不离俄罗斯魔方、变形金刚？如今孩子玩手机就如同我女儿那一代孩子迷恋看电视一样，虽然载体不同，但性质是一样的。家长们总担心孩子玩手机会占据学习时间和干正事的时间。年年岁岁花相似，岁岁年年人不同。从当年迷恋变形金刚的少年变成今天的家长，不必因你的孩子今天玩手机、游戏而过于焦虑或恐慌，要用过来人的同理心对待，帮助孩子迈过这道坎儿。

如何让孩子生活充实

如果孩子因为无聊才迷恋手机，那么当家长的首先要反思自己，要想一想如何让孩子的生活充实，充满乐趣。你有没有给孩子更好玩的东西，有没有培养孩子除玩电子游戏之外其他的爱好？如果在家里耐心地陪孩子一起玩孩子感兴趣的游戏，跟他一起互动，他就不会自顾自地玩手机、玩游戏，也不会不理你；如果带孩子踢球、下棋，和孩子一起养个宠物、养盆植物，他一定高兴；到现实中的动物园去玩，比看屏幕上的动物园更有趣；真人版的 CS 对抗赛比网络上的 CS（反恐精英游戏）更让孩子有感觉。

我女儿小的时候，我们带她去动物园，先是骑马，骑上十圈马后，拔草喂鹿、喂兔子，带着香蕉、花生喂猴子，回来的时候到花鸟鱼虫市场看看猫猫狗狗。上学以后，我们常带她到书城看书、买书，孩子看看这本，翻翻那本，最终买下自己喜欢的那本书，一天都很快乐，不会急着回家看电视。大人们原以为孩子天生都不爱看书，实际上不尽然，只是因为你没有给孩子探索的机会，让他没有机会爱上读书，没有机会爱上其他的东西。父母花些时间和精力陪孩子，给孩子提供各种机会，找出孩子最感兴趣的事情，然后陪孩子一起玩，孩子的生活就不会无聊，自然会少玩手机或者不再沉迷打游戏。

当孩子正常使用手机时，不应该指责孩子

如果孩子因为查阅资料或者正常交往而使用手机，家长就不应指责孩子。如果孩子不会用手机，家长还应指导孩子使用。要知道，作为一个生活在互联网时代的人，掌握获取信息的能力也是一种竞争力。

在现实生活中，确实有些孩子玩手机不能自拔。家长们对此很着急，但又不可能 24 小时盯着孩子，没收手机的做法又太生硬，容易引起孩子的逆反，那么不妨试试用温和的方法取得孩子的信任，再一手软加一手硬综合治理。父母可以放下架子，以朋友的心态听听孩子内心的真实想法，和孩子聊聊玩游戏的感受。

家长要和孩子有共同的社交语言

为什么有的家长走不进孩子的内心世界？是因为跟孩子没有共同

的社交语言。如果家长只问孩子的学习，孩子一定是抵触的。但是，如果跟孩子一起看动画片、玩游戏，跟他交流动画片和游戏里的人物，你会发现孩子是愿意跟你交流的。找到与孩子沟通的共同语言，便能渐渐地取得孩子的信任，孩子觉得你是朋友，而不是管着他的人，对你不再设防，就能听进你的话。

有了这样的心理基础后，父母可以通过与孩子一起做其他好玩的事情，分散孩子对手机的注意力，让孩子在不知不觉中摆脱手机、游戏、电视。

家长做出榜样，制订规则

第一，父母以身作则，自己放下手机，少看电视，给孩子做出榜样。我女儿小的时候，还没有智能手机，让很多父母头疼的事是孩子迷恋看电视。我曾问过女儿为什么不迷电视，她说："我放假时一个人待在家里也看电视。开学后，你们每天只看新闻联播，看完后就关电视，我只得回屋学习，何况你也在我旁边看书。时间长了，也就不想看电视了。"

第二，与孩子一起制订一个具体、详细的玩手机和玩游戏的规则，如每周玩几次、每次玩多长时间，如果学习成绩下降，将减少玩游戏、看电视的时间。把这些规则写在纸上，贴在墙上，严格执行。

生活在当下这个移动互联网时代的孩子，不可能完全脱离手机，家长想不让孩子接触电子游戏、不玩手机是不可能的。与其这样，不如转变观念，客观地看待它们对孩子的影响，与之共舞，把握好"度"，充当孩子的"安全带"。

挣到去联合国的资格

那天傍晚，正在二中读书的女儿打来电话，兴奋地大声说："妈妈，我太高兴了，我终于竞选上联合国模联大会代表了，明年我要去纽约联合国总部了！"我连忙说："祝贺！祝贺！真不容易呀！"

小小年纪的她给联合国秘书长写信

女儿从小就有联合国情结，上小学一年级时曾给联合国秘书长写过信。事情是这样的，一天我在家看书，女儿凑上来瞟了一眼，恰巧看到的是那张著名的普利策新闻奖获奖照片：埃塞俄比亚大饥荒，照片上是一个濒死的非洲儿童和一只虎视眈眈盯着她的秃鹫。女儿说："这个小姑娘真可怜，我怎么能帮助到她？"我说："只有联合国才能帮助他们，如果你愿意的话，可以给联合国秘书长写信，把你的想法告诉联合国秘书长。"我当时只是逗她玩，没想到女儿当了真。她用学到的为数不多的汉字加上拼音，给时任联合国秘书长的安南写了人生的第一封信。信中她建议联合国号召全世界的小朋友每人捐出1

元压岁钱（她以为小朋友都有压岁钱），给非洲小朋友买东西吃。信写好后我带着她到邮局，由她亲自寄出，她用自己的压岁钱支付了67元的邮资。我把这件事当成一个有意思的游戏，女儿也是一时兴起，不久便把这事忘了。当然，这封信如我预料的那样石沉大海了。

第二年我到纽约出差，顺便参观了联合国总部，在那里的邮局给女儿寄了一张明信片，这是她人生中收到的第一张明信片。回国后我送她一个印有联合国徽章的马克杯。女儿十分珍惜这两样礼品，杯子用了十几年，至今还是好好的。联合国在她心中是神圣的、令人向往的地方。

第一次报名竞选模联代表落选

十年后，当在二中听说有机会去联合国开会，还能见到联合国秘书长时，她立马报了名。那时她正春风得意，沉浸在接二连三的成功喜悦中，一是作为准高一新生，竞选上学校代表队，暑假参加了在北京举行的"蔚蓝国际模拟联合国大会"，觉得有了参加国际模联比赛的经验；二是开学后不久的期中考试，成绩名列全级部第二名，增强了学习的信心；三是竞选学校学生会，如愿进入了喜欢的秘书处。那时的她觉得自己想要什么就能得到什么，走起路来都飘飘然。对于竞选"全美模联代表"，她觉得问题不大。

带着这样的心态，她走进了考场，结果一公布，名单里竟没有她。瞬间，她从云端跌到谷底，觉得不公平，认为自己的水平一点也不比那些入选的同学差，想不明白为什么会落选。周五回到家，女儿向我哭诉。

女儿所在的青岛二中是全国素质教育的先进典型，学校提倡发挥学生的自主学习精神，激发学生的潜能，尤其难能可贵的是，学校并不把升学率当作办学成功的唯一标准。学校有很多社团、很多机会，任何一名学生都可以根据自己的兴趣爱好，报名公开竞选。有些竞选失利者往往不从自身找失败的原因，而是找各种客观理由。

作为母亲，我看着落选的女儿伤心难过，心中自然不好受，本能的反应是帮助女儿，但冷静下来觉得不妥，如果她连这么点挫折都经不起，将来遇到大的挫折怎么办。

高中阶段是孩子价值观形成的关键时期，任何一件事情处理不当都可能对孩子的价值观产生影响，如果家长给予正向的价值观，孩子将来就会多一点正能量。我对女儿说："你参加的蔚蓝国际模联竞选和学生会竞选有没有不公平？"女儿说没有。我又说："你说这次联合国模联竞选不公平有什么证据吗？"女儿说没有，只是同学们一起议论时随便一说。

我说："当你成功的时候，你认为是理所应当的；当你失败了，就认为不公平，这样看来，公不公平全凭你的感觉。一个眼睛斜视的人看到的世界永远是不正的。你站在自己的角度看公平与否，首先立场就不公平，只有站在第三者的立场上看问题才是客观公正的。你落选了，我不认为不公平，胜败乃兵家常事，凭什么你总是胜的一方，失败就与你无缘？凡事不要钻牛角尖，跳出问题本身，用同理心去想，就能够想通了。没被选上，还是因为你的能力不够，下次再努力吧，还有机会。"听了我的话，女儿虽然心里不服气，嘴上却无话可说了，心情也就慢慢平复了。

卧薪尝胆，如愿以偿

第二年，学校又开始选拔参加联合国模联的代表队。女儿拿不定主意，不知道该不该报名，我问她是否真的想去，她说想去，但怕再选不上丢人。我说："既然那么想去，不如拼一下，拼不上也就死心了，免得以后想起来后悔。去年不行不代表今年不行，我觉得这一年你进步很大。寒假到卡内基训练营当学长，练习演讲和与人沟通的技巧，在学生会做了那么多工作，暑假到北京新东方学校学英语，各方面都比高一时长进了许多。妈妈觉得你能行。再说了，你不是段奕宏（电视剧《士兵突击》中袁朗的扮演者）的粉丝吗？据说他考了三次才考上中央戏剧学院。如果你第二次就考上了，比你的偶像还厉害。"这句话把女儿说得笑起来，笑声中她坚定了信心。果然，这次她如愿以偿地拿到了在联合国总部举行的模拟联合国大会比赛的入场券。

模拟联合国 (Model United Nations)，简称模联 (MUN)，是对联合国大会和其他多边机构的仿真学术模拟，是为青年人组织的公民教育活动。在活动中，青年学生们扮演不同国家的外交代表，参与讨论国际上的热点问题。

模拟联合国活动源自美国，是一项历史悠久、开展广泛的学生活动，每年参与活动的学生超过 400 万人。模联之所以受到欢迎，是因为这是一项极富教育意义的活动，它能开阔视野，激发学习潜能，锻炼领袖才能，培养优秀学生。模拟联合国的活动长期受到联合国总部的支持与帮助。女儿将要参加的是全美模拟联合国大会（National Model United Nations，NMUN），这是美国本土最为国际化的模拟联合国大会。该大会由全美大学生联合会（NCCA）主办，从 1946 年发展至今。会议规模达 3500 人，其中有一半参会人员来自美国以外的地区。大会的地点在美国纽约联合国总部，这使得代表们能够身临其境，更加真实地感受各国外交官的工作环境。

代表选拔工作尘埃落定后，学校开始组织队员进行赛前训练。按照比赛规定，每个代表队由 10 名队员组成，他们将被分成 5 个小组，每组 2 个人，与其他国家的选手辩论。青岛二中代表中国参赛，他们这次辩论抽到的签是代表格鲁吉亚。格鲁吉亚森林覆盖率很高，如果辩题的内容与森林有关，将很容易出彩，而辩题中恰恰有这样一题，女儿很想选择这一题目。老师分配选题时采用抽签的方式，女儿抽到的题目是"母亲与格鲁吉亚"。她很郁闷，在她看来，因为每个国家都有母亲，这样的题目要出彩是比较难的。

艾森豪威尔打牌故事——不管牌好坏，都要打好自己的牌

周末女儿回到家，晚饭后全家照例喝茶聊天，女儿向我吐槽，抱怨自己运气不好。我给她讲了艾森豪威尔打牌的故事。艾森豪威尔是美国第 34 任总统，年轻时经常和家人一起玩纸牌游戏。有一次，他的运气特别不好，每次抓到的都是很差的牌，他便发起了脾气。一旁的母亲看不下去了，正色道："既然要打牌，你就必须用手中的牌打下去，不管牌是好是坏。好运气是不可能都让你碰上的！"

艾森豪威尔听不进去，依然愤愤不平。母亲又说："人生就和打牌一样，不管你手里的牌是好是坏，你都必须拿着，你都必须面对。你能做的就是让浮躁的心情平静下来，然后认真对待，把自己的牌打好，力争达到最好的效果。这样打牌，这样对待人生才有意义！"

艾森豪威尔此后一直牢记母亲的话，并激励自己积极进取。就这样，他一步一个脚印地向前迈进，成为中校、盟军统帅，最后登上了美国总统之位。

接受不能改变的现实，改变能够改变的现状

艾森豪威尔的故事似乎打动了女儿，她告诉我："既然选题已定，成为既定事实，不接受也没办法，不如我认真做好抽到的选题。我现在能够做到的是好好准备，争取在会议上的发言内容充实，有突出表现。"她在自己的写字台前贴上了一张字条，上面写着："接受不能改变的现实，改变能够改变的现状。"

尽管辩题不易出彩，但真到了联合国，在女儿和同学的努力下，他们在现场发挥出色，最终获得了最佳代表奖，为中国、为二中赢得了荣誉。回来后，学校召开会议表扬他们，还有当地的媒体专门采访他们，女儿收获了鲜花和荣誉，更收获了难得的经历。两年的模联活动，女儿的视野开阔了，能力提高了，对自己的期许更高了。通过接触优秀的国外学生，她看到了自己与他们的差距。如果说此前她对是否留学还在犹豫，那么从联合国回来后她便决心读常春藤大学，这是她人生的一个重要决定。

帮助孩子找到成功之门

最近我的一个闺蜜为孩子不爱学习跟我吐槽，问我是怎样培养女儿的。在她看来，孩子考不上高中，就没法上大学，一生就完了。我问她："你培养孩子的目标是什么？"她说："学习好，将来出人头地，成为成功的人。"我又问她："孩子学习不好，总有好的方面吧。你有没有找到她好的方面？"她一脸茫然。

学习好不是评判孩子优秀的唯一标准

长期以来，很多父母衡量好孩子的标准只有一个：学习好。我不否认成绩好是好孩子的标准之一，但我认为好孩子的标准还有很多种，不能因为强调学习成绩而忽视了其他方面，更不能因为推崇一种成才标准而封闭了其他成功的道路。

当年我女儿以接近满分的成绩申请耶鲁大学被拒，一度让我十分不解，后来了解到，像哈佛、耶鲁这样的顶级大学对优秀学生的评判标准和国内不一样。在名校录取新生的条件中，学习成绩所占的比重不到一半，其余一多半是我们通常说的综合素质，如兴趣爱好、体育活动等。也就是说，如果一个孩子考了高分，他只有一半的概率被世界名校录取，而在国内则稳上北大、清华。

有人说，如今的互联网时代，社会正在从金字塔时代走向仙人球时代，人人都有可能冒出来，人人都有自己擅长的领域，那么为什么有的家长还在注重孩子的分数呢？

在唯分数论的视角下，一个班级有 95% 的孩子无法跻身成功者的行列，毕竟，成绩排在前列的只能是少数人。如果衡量孩子成功的标准是看分数，大多数孩子都将是不成功的，那么这些孩子怎么办？

学习不好，家长可以发掘孩子其他方面的特长

有一些家长认为孩子成绩不好就没出路，始终盯着孩子的分数，逼孩子学习，给孩子报各种辅导班，找家教。假如孩子不喜欢且不擅长学习，那么这种做法所取得的效果不会太好。妈妈与其做这样的无用功，不如改变一下思路，发掘孩子其他方面的特长，比如这个孩子可能喜欢画画，或者喜欢运动，或者喜欢写作，那么妈妈就可以在这方面下功夫。

韩寒没上过大学，但他文笔好，早早就成功了。如果韩寒的家长按学习好、考大学的思路来培养他，就没有今天的韩寒。我一个朋友的孩子没考上高中，去国外读了烹饪专业，毕业后自己开了个餐厅，生意非常好，而且孩子很开心。网上流传一个段子，说有一个学霸，大学毕业后留洋，回国后进了一家知名公司，奋斗了几年，终于功成名就，年薪过百万。春节去滑雪，在滑雪场他请了一位私人教练。一见面，原来是高中时他看不起的学渣，当年没考上大学，就去学滑雪，如今成了年薪百万的私人教练。

家长的责任是找到孩子的天赋

令人惋惜的是，有很多妈妈仍然只盯着孩子的学习，而没有关注学习之外的其他机会，甚至压根就没往这方面思考，就像我的那位闺蜜。一个孩子来到这个世界上，上天总会给他一碗饭吃，他的天赋不是教育出来的，而是通过妈妈细致的观察发掘出来的。有人天生对数字敏感，有人天生对色彩敏感，有人天生记忆力超群，像《挑战不可能》等综艺节目中的佼佼者一样。家长的责任是给孩子机会，找到他的天赋，而不是告诉他只有学习一条路。

有人说，即使当体育明星、当厨师也要有文化呀。是的，说的对，一定要完成义务教育阶段的学习，要达到起码的国民教育水准，这对大多数孩子来说是不难的。接下来孩子学习的目的就变了，有的孩子学习是为了获得在学习领域的成功，为了文凭，为了能找到好的工作；有的孩子学习是为了培养适应将来职业的能力，为了自己的幸福去学习。

拜上天所赐，我女儿学习成绩不错。即使这样，我也从未放松过警惕，我不敢保证她一直学习好。如果有一天她在学习上遇到瓶颈，我必须告诉她还有什么路可选。她小时候我送她学钢琴、学画画、学舞蹈、学书法，一方面是为了提高她的综合素质，另一方面也在试探她在哪个方面有可能感兴趣、有天赋，为她准备一个"备胎"。

当发现她在书法上有天赋，我就鼓励她学书法。将来如果学习成绩不好，她还可以在书法领域获得成功。幸运的是这个"备胎"未用上。前一阵子，大家都在议论虎妈，褒贬不一。我认为虎妈的高明之处是她发现了孩子在音乐上的天赋，只是孩子缺乏意志力，于是虎妈帮助孩子强化意志力。如果虎妈没有找到孩子的天赋，即便她再施加压力，结果只会适得其反。

帮助孩子打开属于他的成功之门

每个妈妈都希望自己的孩子能够出类拔萃，但是孩子健康快乐才是最重要的。如果孩子学习好，那就在学习的道路上继续努力。反之，也不要悲观，帮助你的孩子一起找到属于他的成功之门，并与孩子一起打开这扇门。

成人礼

女儿 18 岁了，对于一个孩子来说，这是成年的标志；对于一个女孩子来说，这是一生最美丽的时间段。我和爱人商量要送给孩子一个永远值得纪念的礼物。

我设想这份礼物应该是永久性的，不因时间流逝而损毁，它能留住女儿的青春和美丽，陪伴她一生。冥思苦想了很长时间，我决定给女儿举办一场成人礼。

成人礼是近几年在国内流行的新鲜事。其实，我们民族自古就有举办成人礼的习俗，古时的成人礼叫冠、笄之礼。男子的成年礼在 20 岁举行，叫冠礼，即受礼者在宗庙中将头发盘起来，戴上礼帽；女子的成人礼叫笄礼，在 15 岁举行，由女孩子的家长替她把头发盘起来，加一根簪子。改变发式表示这个女孩子从此结束了少女时代，可以嫁人了。在电影中，有的父母会给他们 18 岁的女儿举办一场成年舞会，把她介绍给大家，并寻觅心仪的夫婿。

我把女儿的成人礼举办地点选在一座有百年历史的古堡，这座建筑高高地耸立在山顶上，古堡的壁炉、雕像、瓷砖、吊灯保存完好，这些设施在今天看起来仍很精致。那天，古堡西餐厅的墙上挂着女儿十几张各个时期的照片，以及鲜花、彩灯，长长的西餐桌上铺着浆洗一新的洁白桌布，银光闪闪的西餐餐具和高脚杯锃明透亮，音箱中流淌着《水边的阿狄丽娜》欢快的曲调，这场景似梦似幻。

当天一早，我陪女儿到发廊做了个新发型，权当古时女子改发型加笄吧，不过她那天做的是小淑女发型。上午 11 点左右，朋友们陆续来了，女儿的长辈、同学、老师、朋友等共有 20 人。

爸爸的致辞

再过半年，你就要去国外留学了，尽管我和你妈妈舍不得，但为了你今后更好的发展，我们支持你追逐自己的梦想。希望你有一个比我们更好、更幸福、更有品质的人生。在此爸爸给你四个忠告：第一，要时时刻刻注意安全；第二，要对国家忠诚；第三，要有爱心和责任心；第四，要实事求是，要务实。

妈妈的致辞

你今天成人了，有些话如果妈妈不说，别人可能不会跟你说的。

关于爱情

感情的事不是谁都能把握得了的，男朋友、爱情不是你生活的全部，有美好的爱情固然好，一旦失去也属正常。世界上没有最爱这回事，所以，如果你所谓的最爱离开了你，请让时间慢慢地冲淡，不要过分地憧憬爱情的美好，也不要夸大失恋的悲伤。

要学会自立

有人说女孩子不用奋斗，将来找个好老公嫁了就行了。妈妈不同意这个观点。女人一定要在经济上自立，自立才有尊严，所以要学会各种生存的本领，离开男人一样活得好好的。

要学会保护自己

多学一些安全知识，要时刻有安全意识和防范心理，在面临人身安全和财产安全的选择时，首先选择人身安全，财物是身外之物，只要活着，一切都可以再来。到陌生地方时，先熟悉逃生通道。善待自己的身体，健康是一切的前提。

学会面对现实

在人生目标上，既要脚踏实地，又要仰望天空，要一步一步来，切忌好高骛远。当自己的目标无法实现时，要学会面对现实，接受你不能改变的现实，改变你能掌握的现状，不必苛求事事完美。

修炼气质

容貌对于女人来说很重要，但气质比容貌更重要。容貌是父母给的，气质要靠自己去修炼。想修炼出优雅、高贵、脱俗的气质，就要不断地充实自己、了解自己、欣赏自己。最后，妈妈希望你成为知性、优雅、美丽的女人。

女儿的 18 岁宣言

女儿坐在我的左手边，不时点头。轮到她讲话了，她面带微笑，不慌不忙地开讲。也许是因为激动，她的小脸红扑扑的，那天她化了淡妆，换了发型，穿上自己挑选的新衣服，显得格外清纯美丽。她说："我希望自己能上一所常春藤名校，大学四年期间能像硕哥（当天到场的女儿的高中同学，一个非常聪明的男孩子）那样不怎么学就成绩优良，朋友多多，生活精彩。通过自己的努力，毕业时各大公司都抢着要我，我根本不用去投简历，他们直接来学校点名要我（此处笑声一片），再苦干几年成为业界翘楚。谈恋爱嘛，随缘，我希望自己30岁之前可以结婚，不要成为剩女。在性格方面，我希望自己坚强不失善良，精明但不世故，业务能力超群，私生活方面还有自己文艺的小天地。以上是我的梦想，我会努力去实现，但不强求。"

女儿的18岁宣言正向又全面，远大又务实，逻辑清晰又不失风趣幽默，发言时不徐不急，从容淡定。作为妈妈，我为有这样阳光正向的孩子而感到欣慰，作为一名受过演讲训练的人，我给演讲者打90分，不足之处是多了些语气词。

客人们一一向女儿表达了美好的祝愿并赠送了礼物。因为女儿和受邀来宾中的五人都将出国留学，所以当天中午选择了西餐。西餐正式开始前，餐厅经理教大家西餐知识和礼仪，以免孩子们到了国外出洋相。餐厅小姐推着插着18根蜡烛的蛋糕餐车进来，伴随着生日快乐的乐曲，女儿双手合十，双目微闭，许下了她的心愿。这个愿望对于我和爱人来说至今是个谜，女儿大了，该有自己的小秘密了。

女儿用餐厅的钢琴弹奏了一曲《致爱丽丝》，随着女儿的纤纤细指在黑白琴键上滑过，悠扬而流畅的琴声回荡在大厅，同学们围绕在她身边倾听她的琴声。这一刻，女儿陶醉在音乐中。看到她享受的样子，我想起她练琴的往事。女儿六岁开始学钢琴，在我的"软硬兼施、威逼利诱"下，好不容易坚持了八年，勉强考过八级，能凑合着弹几支练习曲。为了能在成人礼上秀才艺，女儿之前在家里反复练习，练琴间隙，她竟"埋怨"我在她小时候为什么没像郎朗的爸爸那么"狠"，以至于她如今弹得不出色。她忘了我望女成凤时曾打过她的小手，如今竟然倒打一耙！

下午的主打节目是学习跳舞。外国的成人礼上，女孩子们的舞蹈技艺已相当娴熟，而这群孩子在高中三年忙着学习，哪有时间学跳舞。那天我特意请了一名舞蹈老师教孩子们跳华尔兹和迪斯科。这天的舞蹈课虽然只有短短两个小时，但聊胜于无，知道点总比不知道强。

不久后的一天，影视公司把当天的录像配上音乐，剪辑成 10 分钟的专题片，刻成了 DVD 送给我们。这是我们送给女儿珍贵的礼物，女儿出国留学前，我看到她把这张碟片放进了行李箱。这张碟片承载了父母的爱心、朋友的友情、自己的梦想，将陪伴她走遍天涯海角。当她在国外想家的时候，这张碟片可以慰藉她孤独的心灵；也许将来，这张碟片还会在她的婚礼上播放；等她有了孩子的时候，她的孩子会看到她的妈妈、她的外婆的风采；等她老到哪儿也去不了的时候，可以坐在摇椅上看，回忆自己的青葱岁月……

第三章　留学篇

被耶鲁拒了以后

哈佛大学是世界公认最好的大学之一，我也很希望女儿能读哈佛，因此经常在女儿面前念叨。久而久之，女儿竟对哈佛莫名反感起来。她更喜欢耶鲁大学的人文气息，以至于口出狂言："假如哈佛和耶鲁同时录取我，我会放弃哈佛去耶鲁。"

那年 11 月 1 日，陈彧以"赌一把"的心态向耶鲁大学提出提前录取申请（美国大学录取的一种方式，即提前录取，只能报一所大学，一旦被录取必须就读）。可是很不幸，耶鲁把她放在延时录取的名单里，虽然与直接拒绝相比还留有一线希望，但还是给她浇了一盆冷水。第二年的 4 月 1 日，陈彧终于等到了耶鲁的最终答复，被拒。

陈彧伤心地哭了，她百思不解，觉得委屈。她认为自己为了进耶鲁，已经尽了很大的努力，学术成绩很高（GPA4.0，SAT Ⅰ 2320，SAT Ⅱ 2400，托福 110），课外活动很丰富，面试也很成功，往年这样的成绩一般会被录取，但她为什么不入耶鲁录取官的法眼呢？

陈彧考入康奈尔大学后，我在报上看到介绍山东潍坊女孩被哈佛等六所名校录取的报道，立即转发给陈彧。她看后对自己申请耶鲁失利的原因重新进行反思，给我回了封邮件：

"以前听说过很多天才的案例，但因为离我很遥远，所以只是羡慕。这个女孩子和我同龄，而且距离这么近（潍坊与青岛距离 100 多千米），让我不得不承认自己的努力远远不够，不能用地域歧视来搪塞。

"妈妈，你有没有想过，这个潍坊女孩有可能和我共同面对今年春节的面试官？当时我觉得那个面试官根本没有给我发挥的余地。现在想想，腹有诗书气自华，也许那个潍坊女孩看上去就很不一样，她与面试官一聊，就会迅速脱离肤浅的东西，进行深层次表达。所以，与其说面试官没有给我表现的机会，不如说我没有表现出才华。

"看看那个潍坊女孩做出的成绩，再想想林书豪这种全能型的人才，惊觉人的潜力真的是无穷的，也发现我现在叫嚣的没有时间读书都是胡说。我也要丰富自己。相信如果我真能这么做的话，咱们以上大学为界，四年以后我也能这么牛，妈妈，相信我！"

看了陈彧的邮件，我感觉到陈彧长大了，看问题透彻了，思想成熟了，遇到不顺心的事情时，不再是一味地抱怨，开始从自身找原因了。卡内基人际沟通"三不原则"是不批评、不责备、不抱怨。出了问题，先从自己身上找原因。这种成长的收获弥足珍贵。

时间过得真快，一晃一年过去了，陈彧在康奈尔大学一年级的学习生活快要结束了。一天，我们在 Skpye（一款即时通讯软件）中谈到下学期的打算，我问她打不打算转学去耶鲁大学了。她说不想转学了。"因为我发现，我如果能在康奈尔大学做到第一，也很了不起。我觉得这里真是牛人大本营，各式各样的牛人随处可见，跟他们比起来，我觉得自己差得很远，我要很努力才能不被第一梯队甩出去。举

个例子，我自认为很聪明，数理化不用狠学也能拿最好成绩。今年 2
月份就放松了自己，结果月考成绩很糟，勉强得 A。我这才发现，自
己并不是最聪明的，不努力照样会落后。3 月份我吸取了教训，又刻
苦了起来，结果成绩又回到了 A+。我已经被工程学院的某著名教授
'狠狠'记住了，上了他的'黑名单'。听说，学期末，他会请名单
上的学生吃饭，以示鼓励。康奈尔大学非常棒，我想在这里努力一番，
争取以优秀毕业生的身份荣誉毕业，这将是终生的荣誉。真正进入康
奈尔大学后我才体会到，美国前 20 名的名校差别不大。如果学工程，
不必去哈佛、耶鲁，麻省理工、斯坦福、康奈尔都比前两所好。如果
学政治和人文，前两所是首选。"

常言道，人生不如意十有八九。陈彧被耶鲁拒掉本来是一件遗憾
的事情，好在她能正确认识，失之东隅，收之桑榆。这是难能可贵的。
陈彧今后的路还很长，遇到的困难会很多，如果能从失败中吸取教训，
从另一个角度来说也是件好事。

怎样在康奈尔大学成为有影响力的人

那是陈彧赴美留学一个月后的某个上午，她打来电话，与我商讨如何在康奈尔大学成为有影响力的人。

这个话题着实让我觉得欣慰，我想陈彧之所以想讨论这方面的内容，是因为她在高中阶段形成的惯性思维。

出国留学前，陈彧就读的是全国重点高中——青岛二中，作为校学生会的副主席，她经常组织各类活动，代表学校出席有关的社会活动，她的言行常常影响着周边的同学。

她有自己的社交圈，这个圈子里有一些保送生，即通过奥林匹克竞赛提前被北大、清华、复旦等录取的高材生，跟这些绝顶聪明的同学在一起，能感受到他们不经意间流露出的才气；另一拨是学生会干部，他们在学校时就已显示出领袖气质和超强的沟通能力。陈彧有这么多好的朋友，她的高中生活愉快又充实，自信满满。

到了康奈尔大学后，情况发生了很大的变化。首先这是一所世界级名校，人才济济，一名优秀的留学生能否在这里继续保持优秀是很难说的；其次一名留学生需要付出更多的努力。

我帮陈或分析这些现状后觉得，虽然有一定困难，但仍然要朝着自己的目标努力——在康奈尔成为有影响力的学生。

怎样实现这个目标？我给陈或讲了个故事。有一位名人，幼年随家人移民到美国，为了实现自己的梦想，他设计了一条人生成功路线图。通过疯狂练习健美，他成为全美健美冠军，又进军影视圈。通过几年打拼，从一名跑龙套的小演员变成电影明星，后来又成功当选州议员，又竞选州长，结果又如愿以偿地当上了州长。但他不满足于当州长，他还希望竞选美国总统。当然，到目前为止他仍壮志未酬。这位名人的故事告诉我们，人生要有目标，想实现目标就需要规划，倒推你的目标，一步步按照计划，脚踏实地去落实，就有可能梦想成真。

要想成为一个有影响力的人，首先要成为一个受欢迎的人。要想成为一个受欢迎的人，可以用在卡内基沟通训练时学到的沟通技巧，如多聆听别人的谈话，真诚地赞美别人，衷心地让对方感到自己很重要，经常保持微笑，等等。

我在网上找了一些留学生在美国大学成功的经验，发给女儿看，或许能对她有所帮助。

在留学的第一年，大学在学业上安排的大多是基础课程，让新生们较为轻松地完成高中到大学的过渡期。大一新生的生活重心往往在各类校园活动上，选择并加入感兴趣的组织或社团。需要注意的是，由于康奈尔大学的学生社团组众多，应事先了解，谨慎选择。过好第一年，才是成功开始大学生活的第一步。

大一寒假，我建议女儿不妨在美国游学，走出大学校门，了解美国的风土人情、人文历史，同时练习语言，达到听懂美国的俚语，甚至用俚语开玩笑的程度。在暑假期间，不妨申请一些名校的优质暑期课程，为自己充电，或者找实习单位，锻炼自立能力和交往能力。

有人说，在美国永远都像是在自助餐馆，如果自己不主动争取，没有人走到你的身边为你提供美味与服务。在美国大学里也是如此，一切都需要自主安排掌控。

努力运用这些方法吧，也许会一步步接近目标。

人生就像一场马拉松

那天陈彧在微信上给我留言："妈妈，我现在陷入了一种焦虑情绪，总是想知道别人在忙些什么，总是觉得自己做得不够多、不够好……"

我回信："我觉得你有点像你们高中的同学 W。"

陈彧："不像，但又说不上来是哪里不像，我觉得我更像 Z。"

我："那太可怕了。"（Z 是陈彧的偶像，在读麻省理工大学 MBA 期间自杀了。）

陈彧："哈哈，不要害怕，每个人都有点秘密的愿望。"

第二天上午，我给陈彧打电话，她刚从康奈尔大学亚洲协会教完书法回到宿舍。陈彧说协会的秘书长问她将来有什么打算，她说还没想好，秘书长说："你将来可以去做电视主播。我发现你的气质很特别，能压住气场。"陈彧说听了秘书长的话，虽然嘴上说"我哪里有那么好"，心里却得意了一下。事实上，秘书长的话虽是溢美之词，但也是真诚的赞美。陈彧在参加青岛二中学生会时经常主持会议，也接受过几次媒体采访。有一些采访过她的记者认识我，他们认为陈彧的语言组织能力和沉稳的气质超出了同龄人。

我们的谈话是在陈彧心情不错的情况下开始的。我说："其实，如果机缘到了，说不定你将来会当电视主播。当主播不一定非得学播音和新闻专业，央视许多著名的主播都不是学新闻专业的。只要有了基本素质，干什么都能成功。你的偶像曾子墨是达特茅斯经济学专业毕业的，在凤凰卫视当主持人不是也干得非常好吗？"

选择擅长的领域，做最好的自己

我给女儿讲了一个故事。有一个年轻人，在 20 多岁时雄心万丈，什么都想干，什么都想干到最好，干不好就着急，这既是这个年龄段人的通病，也是可爱之处，所以人们都说"初生牛犊不怕虎，自古英雄出少年"。到了 30 多岁，这个年轻人有了一些阅历，他发现有些事情自己干不来、干不好，于是，他筛选出一些明显不适合自己的行业，心想，要是能在那个适合自己的行业做好也不错。又在那个行业耕耘了 10 年，他发现在这个行业中他只能做好某个专业的事情。在 40 岁左右，这个人开始专注于那个自己能做好的专业，又干了 10 年，曾经雄心万丈的他变成了摔过很多跟头、走过很多弯路的中年人，这时他在他的专业领域已成为翘楚。

这个故事告诉我们，年轻人有志向，有梦想是好事，但不可过度追求目标，不要因为一时达不到自己的目标就郁闷，就急躁，这样下去容易对人生失去信心。

过分追求目标就会生出急躁情绪

如果当一个人过分追求速度与目标，就容易树敌，内心也容易生出许多莫名的急躁情绪。但事情不会因你急躁而有丝毫改变，急躁反而会使情况变得更糟糕。你不妨选择在你擅长的领域做最好的自己，在20岁的时候做别人25岁时做的事情。如果你做不好，而别人做得更好，你要远远地向他致敬。而对于这个人，你也不要迷信他是完美的，他可能在这个领域做得好，在其他领域做得不好，也可能在你擅长的领域做得不如你好，这都是你不知道的，或者是被你有意无意地忽略了。记住：世界上没有完美的人。

按现在的平均寿命，人的一生不过七八十年（没有意外的话），去掉童年、求学期，真正从进入社会到退休，最多有三十多年的时间。其实一个人的工作时间很短，人的精力也有限，能在某一个领域、某个专业成为翘楚已经不容易了，不可能三百六十行，你都是状元。

不比较，干好该干的事就好

孩子，坚定地按照自己设定的路线图一步一步地走吧，不要跟别人比较，也不要因别人的暂时领先而失去前行的动力。人生就像一场马拉松，每个人都有自己的节奏，在人生的每个阶段干好该干的事，让自己满意就很好了。

先处理情绪再解决问题

在女儿上大四的一天，她给我打来电话，跟我吐槽她的同学，她说真想跟她吵一架。

事情是这样的：那天女儿正在大使馆办签证，手机关机，离开使馆后开机，看到学习小组的一名女同学的几个未接来电和数条短信。短信内容一条比一条措辞激烈，最后一条短信内容是质问女儿为什么不接她的电话，说女儿自私自利，该做的作业不及时完成（这个大作业由四人分工完成），耽误了整个小组的进度。女儿觉得冤枉，未能完成作业是因为她一早就离开学校，她准备晚上回去做。女儿看到这些短信，气不打一处来，真想打电话跟她吵上一架。在吵架之前，她先给我打了这个电话，让我评评理。

我告诉她："这个时候千万不能打电话，先回个短信，告诉她你刚才在使馆不能开手机，今晚不睡觉也会做完作业，请她放心。"

过了几天，我问女儿，那件事处理得怎么样了，女儿说："我们和解了。第二天见面，我主动跟她说，昨天不好意思，让你着急了，我应该早点告诉你我的安排。那个同学反而不好意思了，说自己昨天因为别的事情，情绪糟透了，看我不接电话也不回短信，以为我也看不起她，所以说了些过火的话。"

女儿又说："妈妈，你那天教我那样做真是对了，否则我们一定闹掰了。"

我说："人在情绪失控时，智商是零，这时千万不要跟对方发生正面冲突，也不要打电话，因为极有可能在电话里吵起来，对解决问题没有任何帮助。今后再遇上类似的问题，心里堵得慌，想找个人吐槽，可以向妈妈倒垃圾，妈妈愿意当你的垃圾桶。"

为什么有的人怒气大

在日常生活中，我们经常遇到这样的人，他们多变、易怒，我们通常将其归因为"脾气不好"。但我们是否想过，这怒气为啥来得这么快呢？这与人的大脑构造有关。人类从外界接收的信息，通常由两条通路传递给大脑。一条是短通路，心理学上形象地把短通路称作"情绪脑"，情绪脑最突出的特点是"快"；另一条是长通路，也称为"理性脑"。

比如，一头狼向我们冲过来，这时候，大脑就会启动最短的信息传递通道，要么迎战，要么逃跑。长通路则用来充分地思考、权衡，并做出理性的决定。在人际沟通中，越是对熟悉的人，越会不自觉地启动情绪脑。当一个人火冒三丈、情绪失控时，他会做出许多非理性的事情，事后后悔不已。

人们也许要问，为什么很多人容易启动短通路？因为人的大脑有两个记忆系统，一个用来记忆普通的事实，另一个用来记忆印刻着情绪底色的事实。短通路对恐惧和危险异常敏感，如果一个人的人际关系不好，也会有类似的反应。道理很简单，这样的人遇上他认为的危险或不合作的态度，会立刻勾起他不愉快的记忆，本能地进入自我保护和防御状态。

有分歧时，尽量冷处理，用文字来表达意见

与处在情绪失控状态的人沟通时，最好的方法是先处理情绪——冷处理，待对方情绪稳定后再解决问题。我跟女儿说起了我的一个惨痛教训。

女儿听后说："原来妈妈也犯过冲动的错误呀。"我说："你以为妈妈是圣人，不会犯错误？其实事后回想起来，我很后悔，如果当时我能冷静一会儿，找个理由立即终止通话，改用邮件或短信沟通，事情不至于恶化到如此地步。"

我的教训是，在处理情绪化的人际关系时，尽可能避免与他人争辩，包括电话中的争辩。当双方意见发生分歧时，尽量用文字来表达自己的意见。具有负面情绪的文字，在写好之后，要多看几遍，延迟一会儿再发送，也许最后就不发了，因为在输入文字的过程里，愤怒的火苗在一点点减小，理智在一点点回归。

每当遇到情绪失控的人，我总是忍不住感慨，拥有一个良好的人际关系是多么重要。可惜的是，很多人的人际关系紧张。冲女儿发脾气的那个同学因自卑而不敢主动交朋友，自我封闭，人际关系紧张，于是她常常启动"情绪脑"，像刺猬一样伸出刺，先下手为强。对每个人来说，学会与人相处的秘诀是人生的重要功课。这个功课也许艰难，但影响深远。

别拿自己太当回事

四月初的青岛，有一天早晨，天阴沉沉的，气温只有四五度，仿佛又回到了冬天。

我起床后在客厅边看早间新闻，边练习八段锦，这样可以热热身，暖和些。这时，手机响了，是女儿打来的。此时正是美国的晚上，她说要向我吐槽，闻听此言，我的心咯噔了一下。

女儿："妈妈，我正在跟同学们一起做案例分析。明天我们就要去哈佛大学参加咨询案例大赛了，估计今晚要讨论一个通宵。我觉得小组的同学不太重视我的意见，我提出的观点往往得不到他们的回应，而其他同学提出的观点都能引起大家的兴趣。我感觉我被轻视了。"

我："噢，咱们分析分析为什么会这样。我记得你是最后一个加入小组的人，其余四个人都参加过上次比赛。这说明他们比你有经验。"

女儿："嗯，我承认他们比我有经验。"

我："你能被他们选中，是因为你在学校咨询社团案例演讲时表现突出，他们看中的是你的表达能力，这一点我毫不怀疑。你在卡内基训练课上专门受过演讲训练，又当过一段时间的老师，你喜欢当众演讲的感觉，所以我能想象你在台上一定光彩照人。"

女儿："嗯，演讲是我的强项。"

我："一个团队就像一支足球队，有前锋，有边锋，有后卫，有守门员，各司其职。你们五人小组，有负责战术的，有写文案的，有收集资料的，有擅长做 PPT 的，有擅长演讲的。你现在还不具备统领全局的能力，那就做好演讲部分吧。"

女儿："可是我不想被轻视，我要证明我的价值呀。"

我："别拿自己太当回事，否则会很累，有的时候适当跑跑龙套、打打酱油也没有什么不好，把各种角色都尝试一下，当个好龙套也不容易。我记得你早就想加入这个小组。当他们选中你的时候正是你遇到几件不开心的事，情绪低落的时期，你变得那么高兴，所以你应该怀着感恩的心，感谢他们选中了你，让你跟牛人一起参加如此高端的比赛。再说，到哈佛比赛，能结识世界各地未来咨询行业的优秀选手，对你开阔视野、拓展人脉是个难得的机会。当你抱着感恩、学习的心态看待这件事，相信你的表现会是另一个样子。你可以热心地为大家做好后勤服务，如订餐、买水果、拿东西、讲笑话、真诚赞美每一个同学，把自己当成大家的开心果。小组气氛会因为你的热情变得充满活力和斗志，你会成为小组人人喜欢的人。"

女儿："妈妈不愧是卡内基的优秀学员，经你这一说，我的心情好多了，满满的正能量。好了，吐槽完毕，我进去跟同学们继续讨论案例了。"

挂上电话，我瞟了一眼窗外，天开始放晴，我哼着小曲继续做八段锦。

过了几天，女儿给我回邮件："妈妈，我后来按你的建议，发现了我以前没有注意到的同学身上的很多闪光点。到后来，我的建议也被重视了，大家说我提出的想法很新颖，全组人都停下手中的活来跟我讨论我的想法。你说的对，别把自己太当回事，就会少些玻璃心，自然就把注意力放在'怎么把活儿干好'上来了。虽然我们这次最终没有进入前六名，但大伙觉得没有遗憾，每个人都把自己的水平发挥了出来，名次反而不那么重要了。通过这次活动得到的收获远比名次重要得多。"

看了女儿的邮件，我长长地出了一口气。孩子，任何人的成长道路都不是一路鲜花，最要紧的是摆正心态，多学习他人的长处，要对自己有信心。

妈妈，请慢一点挂电话

女儿出国留学后，电话成为我们沟通的主要方式，隔三岔五地跟女儿通电话已经是我生活的一部分。一次，跟女儿通完电话，我正准备挂电话，女儿说："妈妈，你等一下，我给你提个意见吧。"我略一吃惊，随即说好啊，女儿说："妈妈，你打完电话后别那么急着挂电话，停两三秒再挂掉电话，这样对方感觉会舒服些。"

说实话，我从未觉察到自己的这种习惯，但我真切地感受过别人通完电话后立马挂断电话的不舒服。有时我明明还有话要说，只是略一停顿，对方便挂断了电话，那感觉就像两个人刚刚还好好的，一转眼，立即义断情绝，像川剧中的"变脸"，连友谊的余温都不给对方留一点。可我怎么从没有想过自己也常常给别人制造这种不愉快呢？也许，被我闪电般挂断电话的对方很不舒服，只是没有说出来罢了。按照卡内基沟通原则——"如果你错了，立即断然承认"，我对女儿说："谢谢你的提醒，你不说我还没有意识到，妈妈立即改正。"

女儿之所以能觉察到我的这个坏习惯，是因为她自己非常注意，她能站在对方的角度考虑这个问题。我曾经问她是怎么做的。她说："当我与别人结束通话时，我通常是等别人先挂电话我再挂电话。即使我有急事要办，我也会停两三秒后再挂电话，这样做对方会有被尊重的感觉。"

从那以后，我注意改正自己的坏习惯，每一次电话沟通结束后会在心里默默数三下，然后再挂电话，如果没有急事，我会等到对方挂了我再挂。

半年以后的一天，在我们又一次通话时，女儿跟我说："妈妈，我觉得你现在挂电话的速度终于慢了下来，这很好。不过，我再给你一个提醒，我不知道你跟别人说话时是不是也像跟我说话一样，只顾自己说，不注意倾听对方的话。我知道人都以自我为中心，都愿意说自己的事情，但卡内基沟通原则是'沟通的真谛不是你说了什么，而是对方听到了什么'。"

"噢，我给你这样的感觉吗？"

我开始认真反思自己，这可能是多年形成的坏习惯。谢谢你，孩子，你指出了我的毛病，帮我"打扫自己脖子后面的灰"，让我成为更善于沟通的人。

每个人都有盲点，也都有自己意识不到的缺点，"不识庐山真面目，只缘身在此山中"。人生最大的敌人是自己，因为人们很难了解自己，要想完全了解真实的自己，有时需要借助外人的提醒。当这种提醒来自你的领导或是对你有重要影响力的对象时，你接受起来往往比较容易。假如是你的孩子在提醒，你的态度还会跟前者一样吗？孩子也是有独立思想的个体，他的视角有时是独特的。你尊重孩子的意见，孩子才会把你的话当回事儿。

后喻文化时代

向女儿学网购

女儿上高中时学会了网购，起初我对她网购来的东西不屑一顾。真正让我对网购有了兴趣的原因是她在网上订机票，这种方式果然比我用传统的方式更方便、便宜，而且她真的用这张机票坐上了飞机，看来这张机票是真的。从此，我不得不放下家长的架子向女儿学习网购。她倒是耐心地教我，并大方地同意把她的账号与我共享，说："以后出国留学了，网购的机会也不多了，你就用我的账号吧，还可以帮我攒积分。"

跟着女儿学英语

女儿出国留学后，我拾起荒废多年的英语，开启了半百学英语的模式。听很多孩子在国外留学的朋友说过，到国外不管是长住还是短暂探亲，不会英语就像聋子和瞎子一样，寸步离不开孩子，就像小时候孩子离不开我们一样。

在国内自学了半年英语后，我独自踏上去康奈尔大学看望女儿的飞机。见到女儿后，我跟她说："我要检验英语学习的成果，到酒店办入住手续时，你站在我身后，我跟服务生办理手续，我答不上来时你再来解围。"在出租车上，我翻出随身带的《英语 900 句》，把有关入住酒店的那一课重温了一遍，信心满满地进了酒店。在服务台前，我背出书上写的关于入住的语句，那个长着棕色皮肤的女士似乎听懂了我的话，她问了我一句话，坏了，这句话书上没有！我只好说："Pardon?（请重复一遍）"服务生重复了一遍，我还是没有听明白是什么意思，这时，女儿赶紧向前一步跟服务生交流，很快就办好了入住手续。

来到房间，我问女儿服务生说的是什么，女儿说她问我们是在哪个网站上预订的。女儿解释说，服务生说话带有墨西哥口音，不是标准的美音。我被当头打了一棒！我这英语水平差得远呢。于是，我开始拜女儿为师学起英语来。

在美国学英语比在国内学快很多，何况还有现成的老师在身边。到了探亲后期，我能一个人去商店买东西、到饭店点餐了。从那时起，我们的关系变得复杂了——在单纯的母女关系上又增加了一层师生关系，只是，母亲是学生，女儿是老师。我们又多了一个交流内容，彼此间有了更多的话题。

家长要跟孩子的兴趣点有交集

我有一个闺蜜，她的孩子也在国外上大学，她经常跟我吐槽，说孩子跟她没话说，她不主动打电话给孩子，孩子就不会打来电话，唯有要钱的时候例外，她的一腔关心只能换来孩子敷衍的"嗯""还行""挺好的"。我问闺蜜："那你都跟孩子说些什么话题？"她说："能说什么，不就是问她吃了没有，吃了什么，冷不冷，热不热，考了多少分呗。"我说："如果我是你孩子，你整天问我这些事，我也烦，你跟孩子的兴趣点不在一个层面上，当然她没有兴趣跟你深聊了。"

向孩子学习新东西

我周围的一些女友，大学毕业后，有了稳定的工作，结了婚，有了孩子，便一心扑在安逸的小日子里，孩子是她们的一切，她们所做的一切都是为了孩子。其实，这时她们才三十多岁，人生才走过三分之一，很多人生议题刚刚开始便搁置在那里。打个比方，这很像"成长的断崖"。

派克在他的《少有人走的路》中写道："我们对现实的观念就像是一张地图，凭借这张地图，我们同人生的地形、地貌不断妥协和谈判。有的人过了青春期，就放弃了绘制地图。大多数人过了中年，就自认为地图完美无缺。"许多妈妈埋头于柴米油盐的生活，总是"躲进小楼成一统，管它冬夏与春秋"。

我们并非过了 18 岁，便是真正意义上的成人，在某些时候，我们只是大号的孩子。我们在成长中积累了很多暗伤，许多成长任务并没有完成，与孩子相处时，这些问题会再次浮出水面，这也是很好的改变契机。当我们感到困惑、力不从心的时候，不妨停下来，看看到底是什么阻碍了我们。

在现实生活中，妈妈承担的教育责任更重一些。所以，我总是和我周围的妈妈们共勉，我们人到中年，路要越走越宽才好。低到尘埃里，洗手做羹汤，本来是很幸福的事情。但是，如果仅仅懂得柴米油盐，就会离孩子的精神世界越来越远。什么时候你开始向孩子学习新东西了？是孩子上了中学或大学以后吧。父母就是这样，我们习惯了付出和教导孩子。慢慢地，我们发现自己已经跟不上时代了，想追一追，会发现自己有点跑不动了。

教育孩子，栽培自己

我到如今才理解"孩子是天使"这句话。如果不是与女儿沟通时遇到困难，我就不会去探索，不会深刻反思自己的成长历程和思维模式。现在，我的生命逐渐走向开阔，这是孩子带来的改变。教育孩子的王道，是执着地栽培自己。最理想的状态是，孩子懂的，我们懂；孩子不懂的，我们也懂。社会学上，有"前喻文化"和"后喻文化"的说法。前喻文化时代是年轻人向老年人学习，后喻文化时代是老年人向青年人学习。

所以，为了一辈子与孩子有话说，当父母的需要勤奋好学，不放弃自我成长。

牵猴儿

女儿大三暑假的一天，山东卡内基之友联谊会邀请我和女儿做一场亲子教育演讲。那天晚上来了七十多位家长和孩子，会议室座无虚席。

我从"妈妈好好学习，孩子才能天天向上"开始，讲了一个小时，赢得了热烈的掌声。讲完后我坐在台下听女儿讲。女儿那天穿了一件白底蓝竖条的上衣，牛仔裤，披肩的长发随意散在肩上，台上一站，气场十足，不像是大学生，倒有几分职业女性的干练气质。女儿在台上侃侃而谈，作为妈妈，我从一名听众的角度看女儿，心里还有几分自豪。当我还沉浸在得意中，女儿的话打断了我的美好感受。

"我爸爸妈妈经常在亲朋好友聚会时，不征求我的意见，当着众人的面，让我展示这个、展示那个。我心里很不情愿，又不好不做。小时候让我背唐诗、弹钢琴，大了以后让我说英语。其实他们听不懂。爸爸通常接着会说，嗯，说得挺像英语的。好像我学这些东西就是为了展示给客人看。你们都看过猴戏吧。街头耍猴人一手拿着一面锣，一手牵着猴儿，敲一下锣，猴儿被牵出来表演。每每父母让我背唐诗、说英语时，我觉得自己就像被牵着的猴儿，特别不舒服，这种感受我一直没告诉他们。"听闻此言，我觉得脸上红一阵儿白一阵儿，真想找个地缝钻下去。

孩子换了话题继续讲着，我的脑子里却像在过电影，仔细回忆着过往的那些事，好像跟孩子说得差不多。我们的确常常在朋友面前让她展示自己的本领，这个节目就像正餐前的一道开胃菜，表面上是显示孩子多么聪明，实际上是给自己脸上贴金。虽然本意没有独断专行、要家长威风的意思，但从来没有想过孩子的感受。

像我这样被别人当作会教育孩子的人，也会在无意识中犯错误，如果不是女儿当众"揭露"，自己还浑然不知。可见，教育者时常也会被教育。

学会尊重孩子

我和丈夫都出生在保守的传统家庭。我的父母是双职工，没有多少精力教育孩子，也没有教育孩子的意识，只要孩子冻不着饿不着就行了。在我的记忆里，比起哥哥姐姐，父母更疼爱我，但即使这样也不能坏了规矩，比如父母说话时小孩不许还口，不能顶嘴，父母的话就是命令，不管孩子愿不愿意都要服从。在这样传统的家庭长大，容易缺乏尊重他人的意识。当我做了家长，如果没有刻意改正，最自然的状态是像我的父母对待我一样对待孩子。但是到了我女儿这一代，她长大以后已经不是那个曾经事事听我的乖乖女了，凡事都有自己独立的思想。

我有一朋友特别注重尊重孩子的意愿，值得我学习。有一天，她女儿的学校要举办墨西哥节活动，要求学生穿墨西哥国旗红、白、绿三色中某一种颜色的衣服。朋友的女儿有红色和白色的衣服，可女儿说想穿绿色的衣服，理由是穿绿色衣服的同学少，她穿了绿衣服会显得与众不同，会很酷。朋友觉得女儿说得有道理，便陪着女儿去商场挑了一件她中意的绿色衣服。

别把自己的意愿强加给孩子

暑假结束后，陈彧回到学校，立即开始忙着找工作，经过两个月的努力，最终被两家咨询公司录取了。到底去哪家呢？女儿跟我讨论。我和她一起列出这两家公司的优势和劣势，并询问她最看重的因素是什么，推荐她看美国脸谱网（Facebook）首席运营官谢丽尔·桑德伯格写的《向前一步》。我把书中有关职业选择的章节用手机拍下来发给她，并告诉她："最终的决定权在你自己，妈妈的意见仅供参考，你选择哪家我都为你高兴。"

是的，是女儿觉得自己像被"牵猴儿"的感觉点醒了我。很多时候，父母认为自己所做的一切都是为孩子好，其实那是父母的一厢情愿。孩子有自己成长的需求，有自己的独立愿望，有渴望摆脱束缚的权利，那家长为什么还要把自己的意愿强加给孩子呢？平等是维持家庭和谐的重要因素，换个角度，站在孩子的立场，努力理解孩子的思想和行为，以孩子乐意接受的方式对他的成长进行引导，把孩子当成一个与自己平等的大人来对待，给孩子更多的信任与尊重。

别了，我的哈佛情结

2015 年，网上曾疯传一则耶鲁留学生的父母在校园种菜的新闻。

多名在耶鲁大学读博士的留学生的父母漂洋过海，给结婚生子的博士子女看孩子。闲暇之余，看到校园偏僻之处有大片荒芜的土地，便发扬"南泥湾精神"，开荒种菜，既做到了绿色环保，自给自足，又打发了寂寞时光，自己吃不了的菜还送给邻居，成立社交平台，可谓一举多得。我看后便转给了女儿，并留言："你若去哈佛读硕博，我和你爸爸也去你那里当农夫兼带薪保姆，其他学校免谈。"谁知这么一句开玩笑的话竟把女儿惹毛了，三天不理我。

冷战几天后，女儿仍余怒未平，她在微信上抗议："妈妈，你没有权利逼我上哈佛，你只能建议我如何如何。如果有一天我真的上了哈佛，那也是我自己的选择，而不是为了你上的。如果我去不知名的大学读硕博，那也是我的选择，与你无关。"

我开始意识到女儿长大了，再不是那个事事问妈妈怎么办的小丫头了，当妈妈的不能再主导她的一切了，她的人生该由她自己负责了。

我要逐渐适应退居二线的角色。事后我向女儿真诚道歉，并保证以后不再说"你要如何如何"，而要说"我建议你如何如何"。

这是迄今为止我们母女间最大的一次冲突。冲突过后，我开始反思：为什么会发生这个冲突？我做错了什么？

我不得不承认，我和许多父母一样有名校崇拜情结，有着小小的虚荣心。女儿现在虽然已经就读常春藤大学，但还不是最顶尖的哈佛、耶鲁。我希望她摘到皇冠上那颗最亮的明珠，这样，我和她爸爸才会觉得她"功成名就"，从此披着就读于世界顶尖名校的光环，被众人羡慕着。

但是，最近发生了两起与名校崇拜情结有关的事件，让我重新思考这件事情。

"天才少女"的传奇故事

2015 年 6 月，韩国各大媒体报道了一位"天才少女"的传奇故事，这位在美国上高中的韩裔女孩，因为各种耀眼的成绩被众多美国名校录取，并获得哈佛和斯坦福这两所顶尖名校的全额奖学金。最神奇的是，哈佛和斯坦福为了争夺她，竟然达成协议，同意她在两所大学各读两年。这条新闻被迅速传开，令无数人艳羡，甚至膜拜。然而事实上，这一切都是这个女孩编织的谎言。

在韩国出生长大、被父母一路送进美国明星高中的她，尽管足够聪明，可是不足以达到父母预设的目标。她深知父母要的是什么，所以投其所好，编造出被哈佛、斯坦福同时录取的惊天谎言欺骗父母。哪知道她的父亲虚荣心爆棚，迫不及待地把这"特大喜讯"加上女儿的"辉煌成绩"爆料给媒体。这件事折射出某些父母对名校的狂热和虚荣心。

名校毕业生不堪压力轻生的故事

另一个案例是名校毕业生不堪工作压力轻生的故事。著名投行——高盛旧金山支行职员 S 在连续工作至少两天两夜后跳楼自杀身亡。S 出生在印度，他的父亲供职于一家报社。S 在家中备受宠爱，也背负着父母的全部希望。他一直照着父母要求的样子成长着，在首都最好的公立学校上学，成为学校里屈指可数的学生领袖，高中毕业时被美国常春藤名校宾夕法尼亚大学的沃顿商学院录取。

让儿子进入常春藤是父亲梦寐以求的心愿，如今梦想成真，父亲感到自己达到了人生成功巅峰。整个家族为之庆祝，父亲沉醉在儿子"光宗耀祖，光耀门楣"的快乐中。四年之后，S 是国际知名大学的毕业生，有着令人羡慕的工作，他已经获得了在高盛三藩地区投行部工作的资格。然而在工作不满一年的时候，这个在别人眼里优秀、成功、前途无量的年轻人，却从自己居住的公寓楼上纵身一跃。据悉，他是在连续工作两天两夜后，带着难以承受的疲劳和焦虑自杀的。他的自杀对于他的父母无疑是毁灭性的打击。

看罢这两则新闻，我关了电脑，走出家门来到海边。阴沉沉、灰蒙蒙的天似乎在酝酿着一场大雨。我在想，那个韩国女孩子在编织了那个巨大的谎言后是怎样忐忑地度过每一天。每一个夜晚，当她躺在床上翻来覆去睡不着的时候，又是如何绞尽脑汁地继续编织下一个谎言去圆上一个谎言，直至谎言被戳穿。那个印度青年，在人生的最后三天，所看见的天空是不是也这样阴沉沉、灰蒙蒙的。在他的世界里，是不是永远有看不完的邮件、分析不完的数据、做不完的 PPT。在这黯淡的三天中，有没有人拥抱过他，他的父母有没有跟他说："孩子，没关系，如果太累了咱就不干了，回家来。你永远都是让爹娘骄傲的儿子。"

孩子努力奋斗不是为了成就父母的梦想

现在很多家长和学生对欧美名校的热情一年高过一年。据说在国内一些有名气的高中里，如果没有被美国排前 20 名的大学录取，学生和家长都会觉得没面子。那些拿到名校通知书的学生成了各路媒体热炒的对象，很多家长甚至把"别人家孩子"成功的"秘籍"生搬硬套地用在自家孩子身上。

父母定义的成功的人生，不见得是能给孩子带来幸福的人生。孩子努力奋斗是为了实现自己的理想，而不是为了成就父母的梦想，也不是为了成全家族的门面。没有尊重和理解，越强烈的父母之爱越会变成沉重的负担压在子女的身上。这样的爱会让孩子不堪重负，轻则人格扭曲，重则身心俱毁。

只要是你的选择，妈妈都支持

前车之鉴深深震撼了我。孩子，我不再期许你读哈佛的研究生了，你喜欢就读，不喜欢就不读，条条大路通罗马，只要是你的选择，妈妈都支持。正如纪伯伦的诗所写的：

你的子女，其实不是你的子女。

他们是生命对于自身渴望而诞生的孩子。

他们借助你来到这个世界，却非因你而来，

他们陪伴你，却并不属于你。

你可以给予他们的是你的爱，却不是你的想法，

因为他们有自己的思想。

你可以庇护的是他们的身体，却不是他们的灵魂……

在纽约实习

　　大二寒假，陈彧在纽约实习。从严格意义上说，这次实习只能称为社会实践，或者叫"影子实习"，即跟在学长身后，观察学长的工作过程。这是康奈尔大学帮助学生了解未来职业的项目。

　　陈彧的实习单位是负责管理和运营纽约与新泽西州交通的大公司，公司下属有肯尼迪、拉瓜尼亚、新泽西三个机场，世界贸易中心大楼，纽约和新泽西州的铁路、桥梁、隧道、港口、公路等。实习地点在纽约曼哈顿。

　　临实习的前一天晚上，陈彧给我打电话，告诉我她的紧张和担心。我当时正在开会，只好简短地鼓励她不要怕，要勇敢面对。第二天，我打电话给她，问她第一天实习的情况。她告诉我她是怀着忐忑不安的心情去报到的，接待她的是一位 20 世纪 80 年代毕业于康奈尔大学建筑专业的学长，现在是这个部门的主管，论年纪应该是大叔级的。

　　学长在办公室给她安排了一个隔断座位，周围的同事都很友好。学长又为她办了工作卡，领了办公用品，尽管她只在这里工作一周，但学长对待她仍像对待一个新入职的员工一样。学长目前负责2012年"桑迪"飓风的灾后重建工作。陈彧跟在学长身后，像是个小跟班，抑或是学长的"影子"一样。

上午，学长给了她一大堆资料，让她了解这个部门的概况，下午她跟着学长参加了一个会议，讨论如何向联邦政府申请某项重建资金。她说实习单位的员工开会时讨论问题很务实，每人都提出各自不同的观点，不讲虚话、客套话。他们的对话陈彧大都能听明白，只是一些缩写的专用名词不明白是什么意思。

第一天就这样过去了，比陈彧想象得容易。陈彧告诉我，其实头一天晚上她本想找我吐吐槽，缓解将要去陌生环境的压力，未曾想我不方便。挂上电话后她躺在床上辗转反侧，两个多小时没睡着，满脑子都是各种担心、焦虑，甚至一度后悔申请来实习。她想如果此时宅在宿舍中，每天正午的阳光把自己唤醒，穿着休闲装，窝在床上看德剧（陈彧正在学习德语），不用与陌生人打交道，不用考虑自己的话是否得体，不用穿着职业装和高跟鞋，不用矜持地保持着职业微笑，没有工作的压力，那该有多惬意。

我告诉她："我能理解你的心情，每个人都愿意待在自己的舒适圈里，但如果永远待在舒适圈里就永远不可能成长。只有敢于不断走出舒适圈，进入新的陌生圈，再把陌生圈变成舒适圈，才能不停地历练自己，不断地成长，使自己坚强起来。要知道，再美丽的蝴蝶也是从一只丑陋的毛毛虫，经过一次次痛苦的蜕变，最终羽化成蝶的。

"还记得小时候你从长江小学转学到嘉峪关小学吗？你是那么留恋旧的学校，哭着离开了长江小学。你担心到了嘉峪关小学没有熟悉的小伙伴，没有过去的荣誉和职务，一切归零，一切要重来。你都走过来了，而且过得很不错。

"到了 59 中，起初你也担心初中的学习成绩会掉下来，老师和同学们会不会喜欢你，你能不能继续当优等生。三年下来，你比小学时前进了一大步，初中毕业时，在 600 多名毕业生中，你以全校第二名的好成绩被学校推荐直升二中。刚上二中时，你又出现了刚上初中时的那些担忧。

"走过高中三年，你比初中进步的幅度更大，也更加自信了，竞选上了学生会干部，代表学校到联合国总部参加全球中学生模拟联合国大会。坐在联合国的会议大厅里，你见到了潘基文秘书长。联合国之行开阔了你的视野，坚定了你出国留学的决心，最终你又以很高的成绩被康奈尔大学录取。

"过往的事例证明你是一个多愁善感、心思缜密的女孩，你的担心往往是多余的，你的焦虑多数是自我想象出来的。"

妈妈是女儿的知心姐姐

和陈彧聊了近一个小时，她的心情好了起来，她说自己也知道这些担心是没有必要的，可就是"才下眉头却上心头"，跟妈妈说一说就好了。我说："妈妈是你的'知心姐姐'，你经历的心路历程妈妈都经历过。"

陈彧恍然大悟地说："噢，原来妈妈也有过害怕的时候。"我说："傻孩子，妈妈不是生下来就是现在的样子，也是从你这个年龄一点点长大，一点点成熟，一点点坚强起来的。只是你比当年的妈妈起点更高，也更加成熟。如果妈妈当年有你现在一半的条件，妈妈的人生可能比现在更精彩。"我又跟陈彧说："我料定你今天晚上躺下后不出半个小时就会睡着。"

结束了第二天的实习，陈彧来电话告诉我："今天好多了，我敢主动与同事打招呼了，大伙儿也热情地回应我。我跟学长坐着小火车到新泽西州去看一个项目，开了讨论会。"第三天晚上，陈彧告诉我："今天更好了，我一点也不紧张了，好开心。我跟着学长到联邦政府去开会，申请资金。我坐在曼哈顿高高的、透明的会议室里，就像电影《中国合伙人》里的某个镜头。"

第四天晚上，陈彧说："下午见到我的另一位学姐——这个公司的首席运营官，是一位50多岁的女士，她也是在20世纪80年代毕业于康奈尔大学的，曾在军队服役多年，到过伊拉克战场，负责军队的后勤保障工作。与她交谈了半个多小时，她告诉我好多好的机会，我准备申请暑假来这里正式实习。"

时间过得很快，陈彧结束了一周的实习。她告诉我"感觉特别好"。那天晚上，她十分认真地写了几张感谢卡，准备第二天送给帮助过她的学长、同事，可是被她的同事们抢了先。同事们把她请到会议室，桌子上特意摆放了水果和点心，他们给予她肯定和鼓励，并欢迎她暑假再来实习。她好感动，感到那里的人好有爱，那个团队好温暖。在充满温情的会议室里，陈彧用在卡内基训练课学到的办法，看着对方的眼睛，十分真诚地用双手呈上感谢卡。同事们一开始对她的做法略感意外，随即鼓起掌来。陈彧说："妈妈，我真觉得时间越长，卡内基教给我的东西越有用。"

一周的实习让陈彧感觉自己成长了。离开了大学校园，来到社会上，知道了生活的不容易，她甚至不再看不起街头卖艺和乞讨的人，他们为了生存所做的一切让陈彧心存敬意。陈彧说要把以前自己的各种不切实际的幼稚想法和对未来的担忧统统抛到脑后，有些事情现在想也是白想，还会平添不必要的焦虑，不如着眼当下，回到校园以后，除了学好专业课以外，还要学好德语，技多不压人。

感恩卡的故事

女儿在留学期间，经常借宿在她初中班主任刘老师家里。

说来也是陈彧的福气。陈彧的初中班主任非常器重陈彧，初中三年，在刘老师的教导下，陈彧的学习成绩始终保持在班级前五名，组织能力和领导能力被发掘出来，性格变得开朗大方，综合素质有了质的飞跃，成为全校八名直升生之一。陈彧上高中后，刘老师便辞职陪同丈夫到纽约居住。陈彧所在的康奈尔大学距纽约市近 400 千米，她经常到纽约购物、转乘飞机。刘老师家便成了陈彧在纽约临时的家，刘老师变成了"老师妈妈"。

大一寒假期间，陈彧在刘老师家住了近十天。当时刘老师的女儿刚上小学，陈彧有时跟着老师一起送她上学，没事就待在家里陪她玩。渐渐地，小女孩喜欢上了这个大姐姐，她跟妈妈说："我要快快长大，长大以后就能像陈彧姐姐那样拥有 happy life（快乐的生活）。"刘老师也变着花样给陈彧做各种家乡菜。对于一日三餐吃食堂的陈彧来说，每每吃到正宗的家乡菜，便有了回家的感觉。

陈彧临走时悄悄留下了三张不同内容的感谢卡。刘老师后来告诉我，读着这些卡片，他们全家都很惊喜，也很开心，他们会一直珍藏着这些卡片。现在基本上没人写卡片了，陈彧这种表达感谢的方式非常特别。在刘老师家住过的人挺多，陈彧是唯一一个写感谢卡的人。大部分人只是口头表达感谢，用文字表达感激之情能带给别人完全不一样的感受。陈彧走后，还会时不时给刘老师一家带来一些意外的惊喜。在外面旅游时，陈彧会给刘老师寄明信片，刘老师收到过陈彧在澳大利亚、德国、英国等多个地方寄的明信片，陈彧是那么细心，一直想着老师。

每个人都会遇到需要感恩的人，陈彧和刘老师的故事似乎是复制了我的一段人生经历。

我初中毕业时，上了一所中专学校。那是高考制度恢复的第二年，我所在的学校地处济南郊区农村，交通不便，生活清苦，条件简陋，我每周要步行一个小时才能到公交车站，再坐一个小时的公交车到市里洗澡。在市里，我住在父亲生前的好朋友王叔叔家。当时王叔叔的家庭负担也很重，但王叔叔、婶婶和小杰弟弟待我如亲人，做各种好吃的饭菜给我改善生活，临走还要我带一些零食回学校。

对于王叔叔一家的恩情，我终生难忘，后来我把这段经历写成了散文《难忘济南那个家》，发表在齐鲁晚报上，我把文章剪下来，贴在我的剪报本上。有一天，女儿读了这篇文章，我给她讲了我与王叔叔一家的故事，还专程带她去济南看望王叔叔一家。逢年过节，我给王叔叔打电话、寄礼品，她都看在眼里，记在心上。

感恩是一种美德，这种美德对独生子女来说尤其重要。有的孩子只想着自己，不知道爱别人。所以，我们当父母的不仅自己要以身作则，还要教会孩子懂得感恩。让他们学会感恩，其实就是让他们学会懂得尊重他人，对他人的帮助时时怀有感激之心。当孩子们感谢他人的善行时，常常会联想到今后自己也应该这样对待他人，这就给孩子一种行为上的暗示，让他们从小就知道要爱别人、帮助别人。

表达感恩的方式有很多，陈彧更愿意把感恩的话写在漂亮的卡片上，亲手送给对方，将真挚的语言配以美丽的画面，把美好的情感凝固。这是"90后"有着浪漫小资情怀的女孩子爱用的表达方式，也是陈彧在卡内基训练课上学到的。卡内基训练有一节课专门讲赞美与感谢，讲师发给学员一些3厘米×5厘米大小的卡片，要求学员当堂写给需要感谢的人。可喜的是陈彧把这个方法变成了自己的习惯，运用到她的人际交往中。

陈彧大二在纽约港务局实习结束后，给帮助过她的纽约港务局同事写了感谢卡，当面双手送给对方；大三实习时，她住在上海远房亲戚家，临走时给两位70多岁的老人写了感谢卡，这是老人平生第一次收到感谢卡。陈彧知道，有些恩泽不是仅凭一张感谢卡就能够回报的，有些恩情更不是等量回报就能一笔还清的，唯有用纯真的心灵去感谢、去铭记，才能真正对得起给你恩惠的人。

懂得知恩图报的人是个精神富有的人，因为感恩是一份美好的感情，是一种健康的心态，是一种良知，更是一种动力。一旦人有了感恩之情，生命就会得到滋润，并时时闪烁着纯净的光芒。永怀感恩之心，常表感激之情，人生就会充实而快乐。

从记账开始学理财

女儿大二暑假，在纽约港务局实习打工。留学期间，大学生利用暑假实习打工的现象非常普遍，既能锻炼能力，又能赚些零花钱补贴学费。女儿实习的收入扣了税后每月有两千多美元。女儿夸下海口："妈妈，这次实习我要自己养活自己，我还要给你买礼物。"

听了这话，我嘴上说好，心里却想，我可不敢指望她给我买什么礼物，能自己养活自己就不错了。

过了半个月，女儿来电话说自己出现了"财政赤字"，入不敷出了，请求紧急支援，待开了工资还我。我说："你挣那么多钱还不够花吗？"女儿说："我也纳闷呀，钱都花到哪里去了呢？"我趁机说："我早就让你记账，你一直不当回事，现在知道记账的好处了吧。"

第二天，女儿便按我的要求在一个互联网记账软件上开设了账户，并告诉我密码，授予我围观的权利。一个月后，女儿说："妈妈，我记了一个月的账，发现记账太好啦！关键是我真的会时常回头看看账目，而不是像完成任务了一样就把它撂在一旁。饼状图、柱状图等数据分析可以让我很清晰地明白自己的钱都花到哪里了。这个月我超支了，我分析了超支的原因，主要是刚到纽约，需要添置一些大件物品，估计下个月就不会超支了。"

又过了一段时间，女儿告诉我她置办了一些简单的厨具，开始自己做饭，在外面买着吃太贵了，自己做饭不但省钱，还合胃口。此后，我常常收到她自己做的美食照片。从实习第五周开始，她实现了收支平衡，第七周开始有盈余，到实习结束时，她真的做到了自己养活自己。

说来惭愧，虽然我在女儿小时候也有培养女儿财商的想法，但首先自己的财商不高，对于如何教导孩子理财也没有系统的理论；其次是受了一句老话"君子言义，小人言利"的影响，总觉得孩子的主要任务是学习，离金钱越远越好，至于理财能力，长大了可以无师自通。后来的事实证明远非如此。以我为例，自己成家以后掌握了家庭的财政大权，对如何用有限的工资打理自己的小日子没有一点经验，我不得不花几倍的力气去补习。好在不算笨，活学活用，边学边干，在自己理财的同时，也开始有意识地给女儿灌输理财的知识。

女儿自己挣的第一笔钱是稿费

除去过年亲朋好友送的压岁钱，女儿自己挣的第一笔钱是稿费。那是她上小学五年级时，在报纸上发表了一篇作文，报社寄来了 30 元的稿费。那时她还没有身份证，我陪着她，拿着户口簿到邮局取回稿费，她把钱紧紧地攥在手里，生怕丢了。回家后她把这 30 元钱贴在自己写字台前的墙上，让自己一抬头就能看到。在她心中，这 30 元钱的价值远远胜于那些平白得来的压岁钱。

寒假到饭店打工赚钱

高三上半学期的寒假，女儿已决定出国留学，没有了高考的压力，寒假时光比较清闲，我鼓励女儿打工，为将来在国外打工做准备。那时已近春节，很多小饭店都在招春节零工，女儿应聘的两家饭店都录用了她，她综合比较了一下，决定去离家近的那家饭店。

从正月初三到正月十三，共 10 天，每天 3 小时，每小时 8 元人民币。第一天打工回来，女儿一到家就一头栽到床上，她说站了 3 个小时，腰都要断了，手腕也酸了，还有一身的烟味，以前到饭店吃饭，从来不觉得服务员那么辛苦，自己干了才知道。好不容易熬下来 10 天，本以为最后一天会拿到自己的血汗钱，可饭店经理说会计不在，过几天才能开工资。过了几天再去要工资，经理又说要等老板来才能给，最后竟拖了一个月才要回了那可怜巴巴的 240 元。

演讲得到酬金

在饭店端盘子的经历让女儿体会到了挣钱的不容易。暑假到了，女儿以一名常春藤大学准学生的身份受邀在一个论坛上演讲。事后，主办方要给她 1000 元的酬金，女儿拿不准该不该拿这笔钱，所以来问我。我让她问清楚，是否演讲的人都有酬金，如果是就可以拿。我告诉女儿，君子爱财，取之有道，只要合理合法，是自己劳动挣来的钱，就应该心安理得地拿。拿到这笔"大钱"后，女儿感慨地说："还是用知识挣钱快呀，我在饭店辛辛苦苦地干了 10 天，还不如 1 个小时演讲挣得多，看来，要想拥有财富必须有知识。"

实习当英语老师

大学期间，女儿最大的一笔收入是大一暑假在北京打工挣到的。她以较高的英语水平和沟通能力被一家著名的出国留学机构聘为美国高考辅导老师。女儿非常珍惜这个机会，每天讲了一天课后，晚上还要备课到深夜。她的课深受学生们的喜爱，学生越教越多，学生的成绩不断提升，期间老板又为她加薪，日均千元，远高于我这个工作了30年的妈妈。

说到用知识赢得财富，不能不提到犹太人，他们的人口仅占世界人口的0.3%，却赚取了世界上30%以上的财富。在全球最富有的企业家中，犹太人占一半。在培养孩子财商方面，我们应该向犹太家长学习。据说当犹太小孩满1岁的时候，他的父母会把股票当作礼物送给他，这是犹太家庭的惯例，也是犹太父母对孩子独特的财商教育。正确把握财富的价值，懂得赚钱的哲学，对于每个人都至关重要。女儿现在的财富观是：财富是赚来的，而不是省出来的。如果说开源节流能致富的话，她更擅长开源。

理财是生存的重要技能，尤其在留学阶段，孩子一个人在国外，有了可以自由支配的不菲资金，如何把钱用在正道上，抵制各种诱惑，不乱花父母的辛苦钱，确实是留学生家长需要适时给孩子补上的一课。

游历，增加生命的底蕴

　　妈妈，今天我参观了美国自然历史博物馆，它是世界上规模最大的自然历史博物馆之一，在这里可以免费参观。当然，如果游客能捐钱就更好了，我便按博物馆给出的建议价捐了款。

　　在蝴蝶展览馆里，我遇见了一个很有趣的老爷爷讲解员。他主动给我讲解关于蝴蝶的知识，我们就聊起来了，又约在蜘蛛馆见，分别时他说我以后再来的话再相见。我看得出他的话并不是客套，而是发自内心的。他说自己20年前一退休就在博物馆当志愿者了，在各个展览厅讲解，积累了很多自然科学方面的知识。蝴蝶展览开了15年，他当了13年的志愿者，临走的时候他跟我说："I just want my life to be worthwhile.（我只想让我的一生有价值。）"后来我在发光生物馆还碰到一位老奶奶志愿者，她说话的姿势、仪态非常像我的经济学教授，非常幽默风趣和大方。他们的精神很值得学习。

　　这是陈彧大一寒假的一篇游记。

　　女儿大学的第一个寒假没回国，而是在美国游学，尽管我很想念她，但还是忍着思念来支持她。我一直认为，出国留学不仅是为了获得好的教育，求得一张含金量高的文凭，还应该在国外到处走走，到处看看，利用一切机会深入到各个角落，用自己的视角和好奇心去感受国外的风土人情。

游学需要一定的费用支出，我与女儿达成协议，用回国的路费做游资，不足部分自己打工挣。即使这样，这些钱也不是白给的，要用认认真真写的游记来交换。我实行精神鼓励加有限的经济资助的政策，在"制度设计层面"保证游学质量。

我认同俞敏洪的观点："年轻人要做好两个准备，一是对工作的知识准备；二是奠定自己深厚的基础。一个人底蕴的厚度决定了生命的高度。底蕴的厚度取决于两个方面：读书和游历。只游历不读书会变成社会痞子，只读书不游历会变成书呆子。"

妈妈，我今天下午到 Grand Turk（大特克岛）浮潜，这是我第一次浮潜。上了小船后我一直担心、紧张，直到入水，我觉得最困难的事是要学会用嘴呼吸，这靠看书或听别人讲是学不会的，一定要自己试一试。一下水，我紧张得厉害，不断把头伸出水面，每次都觉得快要窒息了一样。后来逐渐适应了，发现海底真美！我突然觉得这是看多少书、见多少人都感受不到的，只有身临其境才能体会到。

今夜是平安夜，游轮上的圣诞合唱令我感动，专业歌手们唱得很好，但印尼船员、菲律宾船员的合唱更让我感慨。我时常觉得自己在外面吃了不少苦，但比起他们，我的苦算什么呢？他们住得差，背井离乡，整天干活，需要养家糊口，承受生活的重担。也许就像我的好朋友说的那样，学生太幸福了。

这是女儿大二寒假的一篇游记，游历让女儿感悟到书本上感受不到的东西，正如著名学者余秋雨所说："如果说一个人的文化知识大半来自书房，那么他的文化感悟则大半来自旅途。"

妈妈，昨天晚上在旧金山的航站楼和同学道别，突然觉得很落寞。分离的伤感突然袭来，因为之前都玩得好好的，甚至有时候在一起都会觉得发腻。但是当我们坐在安检口前面的沙发上，谈论着新的一年的规划、希冀以及对未来的不确定时，突然让我有一种苍老的感觉。未来还有好远，分别已在眼前。

我想我的落寞不是因为同学要离开我了，而是我一下子要和一群熟悉的朋友分开，独自面对一群陌生的人，一些陌生的地方，没有人再在身边关心和照顾我，一下子的惶惶然让我不知所措。是的，我以前一直觉得自己很坚强，可以坚强地独自流浪，但是一想到要去波士顿参加那个为期半天的酒店之行，和陌生的同学参观、讨论，端出那副无所不知、无所不能的架子，我就很抵触。

和同学在一起，我不用那么逞能，尽可以展现自己最傻、最直率的那一面，一旦一个人到了外面，社会对我、我对自己的期望就变了，我希望我可以完美无缺，事事身体力行，没有任何闪失。我这才发现自己也希望有人照顾，希望有人可以让我依赖，才发现自己在外面待久了也会厌倦和想家，顿时有种孤单的感觉。

这是女儿在结束加州旅行后写的一篇游记。

孤独，是独行在陌生地方的人最亲密的同伴，是女儿这次旅行最重要的收获。交往和独处原是人在世上生活的两种能力，人们往往把交往看作一种能力，却忽略了独处也是一种能力。在一定意义上，独处是比交往更为重要的一种能力。只有能忍受独处时的孤独，才能获得心灵的巨大自由，才能拥有健全的人格。读万卷书，行万里路，是女儿向往的生活方式，她这么年轻就去了很多地方。未来的路还很长，要去的地方还很多，她的生命底蕴也将日渐丰厚，精彩纷呈。

由马航客机失联想到的

2014 年 3 月 8 日，马航 MH370 航班失联。刚听说消息的那几天，我的心总是揪着。虽然失联客机上没有我认识的亲朋好友，但我跟乘客家属一样焦急地等待着飞机的消息，祈祷着他们平安。

记得有一年我们全家去马来西亚旅游，回来的时候，飞机起飞不久便在吉隆坡上空突然停电，瞬间，整个机舱内漆黑一片，人们惊叫起来。女儿和老公睡着了，我没睡，心里十分恐惧，心想万一……该怎么办。好在停电的时间很短，飞机启动了备用电池，成功返回吉隆坡机场，我们也有惊无险。这也算是一场不大不小的空中事故吧。

据说在几种交通工具中，飞机是最安全的。但飞机一旦出事，死亡率是最高的，如果飞机在空中爆炸或解体，乘客几乎没有生还的可能和逃生的机会。当然，这并不是说常坐飞机就一定会碰上空难。

自从女儿出国留学，就要经常搭乘飞机。女儿每一次坐飞机，只要飞机未落地，我的心总是悬着的。报纸、电视上每报道一次空难，都相当于在我脆弱的心上撒了一把盐。

由于马航失联，媒体上有很多关于乘飞机遇到紧急情况时该如何逃生的讨论，我总结归纳了几个注意事项并转给了女儿，我希望她能她牢牢记住，也许在关键时刻能救命。

选择信誉好的大航空公司

最好选择大航空公司的航班，大公司一般安全记录良好，并有一套完善的管理制度。大三暑假，她原打算订韩亚航空的航班，老公不同意。因为 2013 年韩亚航空曾有一架飞机在旧金山机场落地时冲出跑道，造成伤亡。出事的飞机型号和马航失联的飞机是同一机型，让人记忆犹新。

首选直飞航班，减少转机风险

最好选择直飞的班机，减少转机的风险。上次女儿从纽约—苏黎世—北京—青岛，绕了半个地球才回到家里。女儿的奶奶知道后很心疼。虽然省了点钱，可时间太长了，人很遭罪。奶奶不赞成孙女为了省钱而绕路，她决定今后孙女留学期间的飞机票由她买单，目的只有一个，安全第一。

选择靠近紧急出口的座位

有时，遇险时能否幸存，与飞机最初的冲击力和机上人员的疏散速度有关，因此，选择靠近紧急出口的座位会好一些。乘飞机时最好穿长袖上衣和长裤，一旦起火，衣服可以适当保护自己。登机后要看看自己的座位与紧急出口隔几排，这样即使在飞机发生意外、机舱内烟雾弥漫或太黑时，也可以找到出口。

不要过早地解开安全带

遇到危险时，一般人会迫不及待地解开安全带准备逃生，但如果过早解开安全带，飞机产生的强大冲击力会对旅客产生致命伤害。2013年韩亚航空的飞机在旧金山机场冲出跑道时，有个女孩过早地解开了安全带，结果被巨大的冲击力甩出飞机，以致身亡。

飞机发生比较严重的撞击后，能逃出冒烟飞机的时间不到200秒，一旦降落时发生坠毁，要尽快跑向安全出口，或者跑向有光亮的裂口，逃出后一定要逆风跑，以防飞机起火和爆炸。

珍惜与女儿在一起的分分秒秒

日思夜想，终于盼来了女儿留学后首次回来。在机场，我紧紧拥抱着她，像是拥抱着整个世界。

从她回来的那一刻起，我便决定尽可能多地跟她在一起。看着她越来越可人的容貌，越来越成熟的处事方式，听着她讲外面的大千世界，我觉得我是世界上最幸福的母亲。晚上，孩子睡下了，我蹑手蹑脚地走到她的床边，欣赏着她恬静的睡姿。此时，我突然心生一种恐惧，我还能拥有她多久？

第一次送女儿去幼儿园

我想起第一次送女儿去幼儿园的情景，当时心中既有喜悦，又有些许心酸，那是孩子第一次与我分离。她在大门里面，我在外面，她双手紧紧抓住铁门，哭喊着就是不肯进教室，那场景像是生离死别。我强忍着泪水，狠心转身离去。那一天我工作时总是不安心，女儿哭的样子老是浮现在眼前。终于熬到了下班回家，孩子委屈地扑到我的怀里说："妈妈，我不想再去幼儿园了。"我使出各种办法哄她，安抚她。

送女儿入学

女儿上小学了，初次走进校门是非常值得纪念的事情，也是她离开我们的第一步。我后悔没有拍一张她入学的照片。上学以后，她已经对与我们分开一天习以为常，而且非常喜欢去上学，因为老师总是表扬她，还有很多小伙伴。

女儿上高中以后，开始寄宿生活，一周回来一次，她非常喜欢集体生活。当别的同学不习惯寄宿生活而申请每天回家时，她不理解。在她看来，学校的饭菜好吃，每天晚上熄灯后的卧谈会生动有趣，更重要的是在学校的学习效率比在家高。

相比于同龄的孩子，女儿的心智更成熟些，她不再那么依赖我。每个周五的晚上都是我们全家团聚的日子，我们会摆上茶具，沏上茶，听她讲学校里的趣闻，解答她的困惑。每个周日都是我们的离别日。有时我想帮她做点事，她常常会说："妈妈，我自己来吧。"我突然觉得这句话让我好失落，难道孩子不再需要我们了吗？

高中毕业，她只身一人到大洋彼岸留学，本来一年可以回来两次，但为了开阔视野，她选择寒假在美国游学。大二暑假是她留学后第一次回国。她回来前我就想好了陪她的计划，为她准备各种她喜欢吃的食物。可她一回来就忙得很，在家住了一段时间后，又到北京实习。

未来她将大学毕业，也许会留在美国工作，一年也难得回来一次，好不容易回来一次，也待不了几天。我最盼望跟她视频通话，希望听到她的声音，看到屏幕上的影像。将来女儿会结婚，在家待的时间有一半还要匀给婆家。那时，我最盼望的话也许是："妈妈，今年我回家过年！"也许有一天，女儿有了自己的孩子，那时我们已经老了，退休在家，经常翻翻相册，回忆女儿小时候的情景，将是我和丈夫最开心的时刻。

女儿在北京实习

我一直觉得孩子在自己身边的日子是那么难得与宝贵。她到北京实习，我便休假到北京照料她的生活。女儿的实习工作是教英语，她的实习单位为她提供了可以做简单饭菜的公寓。我像一个勤快的保姆，每天早晨为她准备丰盛的早餐，谷物、鸡蛋、肉、奶、水果，营养全面又搭配科学。

女儿上班后，我便开始打扫房间，然后上网查菜谱，确定当日食谱后，便到超市采购，回来后马不停蹄地做饭，保证女儿中午一进门就能吃上可口的热饭。女儿午休一小时，吃完饭后还能眯一小会儿，养精蓄锐。女儿下班后，我们在一起吃晚饭，说说笑笑，谈一谈当天教学的体会，说一说当教师的酸甜苦辣。

我要真心地感谢上苍赐给我这样一个好孩子，让我有机会付出自己的爱心和汗水，见证她一天天长大、成才，分享她的成功，体验到当母亲的幸福。孩子是在父母家里暂住的客人，总有一天，孩子会离开父母。趁着女儿还在身边，我要珍惜和女儿在一起的时光。

妈妈的怀抱永远是孩子温暖的港湾

女儿在我身边的每一天，我都会努力让她幸福，我们成为无话不谈的好朋友。每当回忆起在一起度过的每一天，我们都感到那么温馨、幸福、难忘。尽管我很爱她，但一定不会把她拴在身边。如果她想做一只鹰，我就给她一片天空，让她尽情翱翔，当她飞累了，我的怀抱永远是她温暖的港湾。

父母成功的爱，是让孩子尽早分离

2015 年 8 月的一天，我又一次来到了机场，一周前刚在这里接回了女儿，眨眼间又回到这里把她送走。我问女儿："你现在经常上演现实版的机场送别戏码了，还觉得酷吗？"女儿说，原来电视剧都是骗人的，与家人告别是很让人伤感的。

几年前女儿曾跟我说，她觉得最酷的事是拉着漂亮的旅行箱，走进机场，一转身，挥挥手，做个漂亮的 pose（姿势），然后潇洒地走上飞机，就像电视剧里演的那样。

女儿大三暑假在一家上海咨询公司实习，实习结束后留出一周时间在家陪我们。一周有 168 个小时，除去吃饭、睡觉的时间，女儿留给我们的只有几十个小时，我恨不得分分秒秒与她黏在一起。但我知道，女儿长大了，有自己的事情，有自己的朋友，妈妈不能太自私，得给女儿留出自己的时间。

女儿所在的咨询公司经常加班到深夜，她累得回到宿舍倒头便睡。女儿回到家，带回一大堆要洗的衣服。我把脏衣服洗干净，熨烫，叠好，然后又将衣服逐一检查，把缺的扣子补上，把开了线的地方缝好，缝着缝着，想起了一首古诗："慈母手中线，游子身上衣。临行密密缝，意恐迟迟归。"我不就是那个在灯下缝衣的母亲吗?

还记得女儿第一次离家去留学的情景，单薄娇小的她推着载满妈妈叮咛和牵挂的大旅行箱，像是推着一个漂泊的家，满怀一个十八岁少女的梦想，登上了国际航班。三年间她选择便宜的机票，辗转多个国家转机。出国留学时新买的旅行箱，在环游地球几圈后，留下了多个机场的印记，已面目全非。我用刷子蘸着洗衣液，一点一点，仔细而耐心地刷着旅行箱，费了好大劲才把大部分印记刷掉，漂亮的玫瑰红色旅行箱终于露出了原来的真面目。

一周的时间嗖的一下就过去了，我又送女儿来到机场。每一次送机都让我充满了担心和伤感，每一次担心和伤感的事情都不一样，我想此时女儿的心情也跟我一样不平静。她虽然什么也没说，但我从她的眼神中读出了忧虑和不舍。我在安检口外紧紧拥抱了一下她瘦削的身体。

女儿随着安检队伍慢慢走进安检口。我突然感到，作为留学生的母亲，我与孩子的缘分是一次次的机场别离。她站在安检口的里面，依依不舍地向我挥手。我在安检口外面，深情地目送她的背影，心中默念：孩子，既然你选择了远方，那就风雨兼程吧。

英国心理学家希尔维亚在《挖潜能》一书中写道，世界上大多数的爱都是以聚合为目的，只有父母的爱是以分离为目的。父母真正成功的爱，就是让孩子尽早作为一个独立的个体从父母的生命中分离出去，这种分离越早，对孩子的成长越好。

燕子妈妈的启示

女儿出国留学的第二年春天，我家楼道里来了一对燕子夫妇，它们在这里筑巢生子，小燕子长大后，燕子全家便飞走了，来年春天又回来了。年年如此，已经四五年了。

那年青岛的春天来得有些迟。有一天，屋外传来燕子的叫声，我掀开门上的猫眼看到两只燕子在筑巢。我高兴地把这个消息告诉在国外留学的陈彧，陈彧让我随时告诉她燕子的情况。

听老人说，燕子会选择在善良的人家筑巢，谁家有燕子来筑巢是一件吉利的事。知道燕子在我家门口筑巢安家后，我尽量减少出入频次，出入时蹑手蹑脚的，开门、关门也是轻轻的，生怕惊扰了燕子。我强忍着好奇心，不往燕子窝的方向看，避免因为眼光与燕子接触而吓走它们。我记录下燕子筑巢产子的每一个细节，及时发给女儿。

最近半个月，雌燕在白天总是趴在燕子窝里。许是时间久了，燕子习以为常，我每次回来，燕子都会探出头来，看我一眼，算是打过招呼，我估计她是在"坐月子"。

那天趁雌燕不在窝里，我忍不住搬了个梯子偷偷地查看了燕子窝，果然里面有五枚花皮鸟蛋。

又过了半个多月，我听到了小燕子稚嫩的叽叽喳喳声，从下面望上去，只看见五个嘴边镶着鹅黄色的小鸟脑袋。白天，五只小燕子呈扇形排列，头朝外，张开大嘴等爹娘喂食儿。小燕子们胃口很大，忙得燕子爹娘频繁外出捉虫。晚上，小燕子们又集体翻转，屁股朝外，这是它们拉屎的时间。燕子讲卫生，它们不会把屎拉在自己的窝里。燕子们吃得多，拉得就多，我和邻居每天更换铺在燕子窝下接粪便的报纸。

小燕子的成长速度比我想象得快。没过多久，小燕子们就可以用两只脚站立，扒在窝边上，忽闪着翅膀，跃跃欲试地练习飞翔了。一开始，它们只能从燕子窝飞到走廊的地面上。过几天，小燕子们胆子大起来了，第一只、第二只、第三只、第四只，都张开翅膀飞到窗外的树枝上了，最后剩下一只最小的，显得非常胆怯，尽管老燕子一直吱吱呀呀地催促，它却不肯离窝。

于是，老燕子甩动翅膀驱赶小燕子，甚至开始用嘴啄它，逼得它没有立足之地，不得不飞，但只飞到了窗台上就又掉头回来。这边老燕子又叫又拍，看起来像是发火的样子。终于，小燕子再次鼓起勇气，张开翅膀，在空中划了一道并不怎么漂亮的弧线，成功地与兄弟姐妹们在楼外的树枝上会合。

老燕子逼迫小燕子离家的一幕，让我感触良多。天下大多数的爱都是以聚合为目的，只有父母的爱是以分离为目的。父母适当激励孩子，让孩子早日自立才是爱。这只最小的燕子最终能成功，一方面是

173

靠它自己的努力，另一方面，也是靠父母的帮助。

女儿就是妈妈心中的小燕子。在女儿长大的过程中，我不断地激励她练本领，激励她自立。最终她的翅膀慢慢变硬了，飞出了家，飞越太平洋，飞向世界，在异国他乡开创与妈妈完全不一样的人生。不管女儿飞多远，都会像燕子一样，记得自己的家乡，她的根在中国，她的家在青岛。

伊萨卡游记

2014 年春天，我到女儿的学校，实地观察女儿在康奈尔大学的学习生活，以下是我八天的所见所闻，所思所想。

第一天

从纽约到康奈尔大学的汽车行驶了将近四个小时，在经过了连绵的群山和旷野后，终于到了一个小镇，我猜想这大约就是伊萨卡了。

伊萨卡是个美丽的希腊名字，在荷马史诗《奥德赛》中，伊萨卡是英雄奥德修斯的故乡，他用木马计攻陷了特洛伊城，救出海伦后，历尽艰辛才得以重返故乡伊萨卡。

在纽约开埠之初，许多地名都以希腊和英国的城市命名，因这里群山环抱，溪水潺潺，林木葱葱，有着史诗中描写的情景，故被命名为伊萨卡。大巴车先是缓缓地爬上一段上坡路，道路也变得窄了。翻过山坡，地势豁然开阔，汽车进入宁静的校园。这场景让我想起了陶渊明的《桃花源记》："林尽水源，便得一山，山有小口，仿佛若有光。

便舍船，从口入。初极狭，才通人。复行数十步，豁然开朗。土地平旷，屋舍俨然，有良田美池桑竹之属。阡陌交通……"

跟美国大多数大学一样，康奈尔大学没有大门，也没有围墙，只在一处不起眼的石头上钉着一个铜牌，算是大学的招牌。像康奈尔这样校园面积较大的大学，如果把校园全部用围墙围起来的话，不要说建造成本很高，就连维护费用也是一笔巨大的开支。再者，康奈尔大学坐落在伊萨卡小镇里，大学即小镇，小镇即大学，二者融为一体，镇上的二十多路公交车穿过校园，在校园内设有多个站点，大一的新生可免费乘坐公交车，其他年级的学生乘坐时票价也有优惠。

大巴车在校园里开了 20 分钟，便到了女儿的宿舍门口。女儿住的是国际生宿舍，它是由一位当了外交官的校友捐资建造的。这是一栋建在斜坡上的暗红色三层小楼。女儿的房间面积有 20 多平方米，住两个人，每人配备一张床、一个大衣橱、一个五斗橱，房间全年有空调，冬暖夏凉，地上铺着地毯。她的室友是一个热情的女孩，与陈彧很投缘，对我也很友善。

第二天

1865 年，企业家埃兹拉·康奈尔和学者安德鲁·迪克森·怀特联合创办了康奈尔大学。一位美国历史学家把康奈尔大学称作美国第一所真正的大学，大学设置的专业非常广泛，校园占地面积 19.4 平方千米，规模不容小觑，它还是美国第一个允许女生和男生一起学习的大学。

今天上午女儿上德语课，我跟着她去了教室，从宿舍到德语教室步行要 20 多分钟。德语课是小课，只有十几个人，教室也不大，学生们围坐在一个大圆桌旁上课。女儿上课时我独自一人在校园里随便逛。

女儿下课后，带我到校区里的一个小食堂吃饭。所谓小食堂，是相对综合性大食堂而言的，学校里有好多个这样的小食堂，只卖几个品种的简单饭菜。我要了和女儿同样的泰国菜，想尽可能地体验一下女儿在这里的生活。下午女儿上数学课，她让我去图书馆看书。

这个图书馆是学校众多图书馆中的一座，有五层楼，每层面积约有 2000 平方米。该馆内有一个东亚图书馆分馆，据说其东亚图书量在全美图书馆中排第七位。我在这里看到了胡适的手稿。胡适是康奈尔著名的校友，康大对他的研究在全美也是最全的。

我在这里借了尤今的《与孩子一起成长》，这本书陪我度过在康奈尔一周的时光。

一直以来，我都有到康奈尔大学听课的念头。这天下午，我跟着女儿的同学在康大文理学院蹭了一堂大课，满足了我这个小心愿。

这是一堂历史课，教室呈阶梯状，像个小型电影放映厅，能容纳二三百人。讲课的是个年轻的美国人。我虽然听不懂英语，但 PPT 上的人物图片和事件我是知道的，坐在那里也不算听天书。后来听说，课堂上老师提到我，说有一位同学的妈妈也来听课，让我们欢迎她。怪不得有那么一会儿我觉得大家都在看我，原来如此。

坐在比我小 30 岁的学生中间，我一定很扎眼。这让我想起了王石。他在近 60 岁的时候到哈佛大学当学生，那是何等的境界。为了能听懂康奈尔大学的课，一年前我拾起放下了 30 年的英语，陆陆续续地自学了 1 年多。这次听课可以检验我的学习效果。

事实无情地告诉我，我的英语水平还差得远，基本听不懂对话。

我问女儿："为什么我学了 1 年多英语还是听不懂呢？"女儿说："你太心急了。我从小学到高中学了 10 年英语，为了留学又比同龄人下了更大的功夫，托福和 SAT 成绩都很高，乍到美国还是一样发蒙。你才用业余时间学了 1 年，年纪又那么大了，又没有英语语境，怎么可能一下子听懂。你换位想一下，如果一个美国人像你学英语一样学了 1 年的汉语，他怎么可能听懂中国的方言？你在这里听到的英语，并不一定是标准的英语发音。也许刚才跟你说话的那个人带着浓重的西班牙口音，下一个可能带着韩国口音，再下一个可能是墨西哥人。所以呀，老妈，就像我小时候你教导我的那样，现在轮到我告诉你，心急吃不了热豆腐，沉住气，慢慢来，每天记几个单词，日积月累终能学会。"

我不得不承认女儿说的对。当孩子长大了，家长和孩子的角色在某些时候会颠倒过来的。在学英语这件事上，我得听女儿的，回国后要继续好好学。

第三天

今天白天女儿要复习功课，晚上要考试，我自由活动。我先是把房间打扫了一遍，然后开始写游记，写累了，睡了一觉，起来后看看书。傍晚独自到餐厅刷卡吃饭。来了这几天，吃了几个食堂的饭，真心感觉康奈尔大学的食堂非常棒。康奈尔大学的酒店管理学院全美排第一，学生们在这里烹制世界各地美食，做好后送到各个食堂，学校有 7 个大食堂，每顿正餐都有 28 道以上世界各地的菜，奶制品、粮食和蔬菜由大学的农场直供，绝对安全。吃饱后自己在校园里散步，天黑后继续回到宿舍读书。

女儿考试回来已经快 10 点了，我陪她去吃晚饭。宿舍旁边的服务中心仍正常营业。在康奈尔大学，除了正规的食堂以外，还有很多吃快餐、喝咖啡的小餐吧，每天营业时间超过 18 个小时，方便昼夜学习的学生随时就餐。

康奈尔大学的晚上很热闹，晚上 12 点之前基本无人入睡。今天夜间的气温只有五六度，一群爱美的女孩子打扮得花枝招展，正在等车到校外参加 party，party 开始的时间是午夜 12 点。刚刚结束了一次月考，学生们要放松一下。一边是参加 party 的学生，一边是在灯火通明的图书馆里苦学的学霸，两者和平相处，这就是康奈尔大学的文化。

在康奈尔大学，学生一旦拿到录取通知书，就得接受一个残酷的生存游戏。一次毕业典礼上，校长问学生什么是康奈尔，一名学生回答："是剥夺四年睡眠的实验。"而当学生问校长，假如他重返康奈尔大学，开始学习生涯，在学习、爱情、睡眠中只能选择两项，他会怎么选择？校长回答："学习，选两次。"

在康奈尔大学学到知识和技能并不是最重要的，因为大学带给学生的并不单纯是智力上的启示，还包括面对压力的能力以及对生活品质鉴赏的能力。在这里除了核心课程以外，学生们还可以学到品红酒、野外生存、骑马、打高尔夫球、烤甜饼等有趣的课程。

第四天

现在是中午，我在康奈尔大学酒店管理学院的自习室写下这篇文章。康奈尔大学酒店管理专业的录取率比哈佛大学还要低，很多考生都争着进这个学院。女儿到了康大后曾想转到这里，后来听说，如果能在工程学院坚持下来，对将来就业有好处，而酒店管理专业需要丰富的人脉和人文知识，最终女儿没有转专业。

第五天

女儿下课后带我参观了大学的生物楼、计算机楼，这些建筑都属于现代风格，很有特色。其中的生物楼是一座十分特别的建筑，整栋楼没有窗户，我走到大楼内部参观了一遍，里面有各种土壤、树木的标本。计算机楼是由比尔·盖茨捐款建造的，设计得非常有现代感。

第六天

后天要回国了，我今天抓紧时间看书，以便把书还给图书馆。傍晚时分，我参观了学校的钟楼。麦克多钟楼是康奈尔大学的标志，它高高地耸立在山顶上，从楼底到楼顶共有 161 级台阶，因此学校流传着在康奈尔 4 年需要做 161 件事。钟楼每周定时对外开放，开放期间有 15 分钟的钟乐演奏。沿着窄窄的楼梯拾级而上，我一口气爬到了楼顶，气喘吁吁，腿也酸酸的。

楼顶面积约有 10 平方米，一架风琴占据了大半个空间。风琴的琴键不同于一般的风琴，它的末端是一个个像纺锤一样的木棒，一位女学生看着乐谱不停地按下此起彼伏的木棒。木棒下方的钢丝带动铜棒敲打着钢板的不同区域，发出悦耳的高低音，木棒上方的钢丝连接着巨大的齿轮，通过齿轮的咬合，将能量传递到喇叭上，发出巨大的声音，传到很远的地方。我爬到最上层，巨大的声响差点把我震晕。在《巴黎圣母院》中多次出现的钟楼跟眼下的场景类似，只不过那时候敲钟主要靠人力，现在有了电，卡西莫多这样的敲钟人就此失业。

第七天

今天跟着女儿逛伊萨卡小镇。周末的小镇非常宁静，路人也不多。

今天的阳光很好，温暖的阳光照在身上，暖洋洋的，这是我来伊萨卡后最暖和的一天。这里的春天比青岛还要晚半个月。刚来大学时，地上的草还是枯黄的，现在已绿了大半。在沃尔玛超市购物后，我们预约了出租车回学校，乘出租车回校只用了 15 分钟，出租车费不到 10 美元。伊萨卡小镇是个适合生活的好地方。

第八天

早晨从学校坐大巴到纽约市，再换乘到机场的大巴，下午 1 点到达肯尼迪机场我原想自己到机场，女儿不放心，执意要看着我走进安检口才放心。飞机正点起飞，15 个小时后抵达上海浦东机场，再转机回青岛，到家已是凌晨 1 点。

伊萨卡之行让我近距离地了解了康奈尔大学，切身感受了女儿的学习生活。在我看来，康奈尔不仅是理想的学习圣地，更是一个适合寻找自我的地方。在这里，女儿可以探索不同的领域，从中发现自己热爱什么，擅长什么，她可以选择以自己的方式生存，梦想着自己未来要成为什么样的人。这里还是女儿成长的地方。

女儿告诉我，她现在越来越爱康奈尔，即使提前毕业对她来说不是难事，她也不想提前结束大学生活，她要好好珍惜在这里四年的时光，像海绵吸水一样，在知识上、社交上、文化上、修养上储备更多的能量。待两年后羽翼丰满，她将飞越伊萨卡的崇山峻岭和广袤田野，飞向她的人生舞台。就像希腊诗人康斯坦丁在《伊萨卡轶事》的结尾写到的："伊萨卡带给你一段奇异的旅程，没有它，你将无法启程。"

我相信你终将绽放

陈彧大三寒假那年，冬季本就阴冷，潮湿的波士顿罕见地下了一场暴风雪，为城市披上了一层厚厚的银装。那天，陈彧刚刚结束第二轮实习面试，独自一人在机场等待飞回学校小镇的飞机。彼时正值万家团聚的除夕，我们全家人正在边看春晚边吃年夜饭。

离登机还有一段时间，陈彧打开笔记本电脑查收邮件，一封邮件跳了出来，是前两天在纽约面试的那家咨询公司的拒信。陈彧有些失望。这是一家在业内排行十名以外的公司，陈彧原来并未看好，想着既然要到波士顿参加心仪已久的某公司的二轮面试，那就顺道先到纽约来碰碰运气吧，何况这家公司报销来回费用。陈彧为这个面试认真准备了一番，面试后自我感觉良好，没想到会是这个结果。

从波士顿到康奈尔大学所在的伊萨卡小镇原来没有直达航线，要飞到雪城再坐车才能回到学校。碰巧雪城的暴风雪迫使飞机临时改在伊萨卡降落，免去了陈彧半夜三更独自打车之苦，天黑之前就回到了宿舍。回到宿舍的陈彧收到了第二封拒信。也许在陈彧离开面试酒店后，公司的 HR（人力资源部门）就发出了这封邮件。

我猜想陈彧的情绪沮丧到了顶点，她一定伤心地哭了，一定在默默流泪。她从小就不会号啕大哭，遇到委屈或伤心事时，总是默默地无声啜泣。为了二轮的面试，她精心准备了半个月，请了四天的假，穿着美丽"冻人"的职业装，辗转纽约、波士顿，人还未回到学校就已收到拒信，这事的确让人感到沮丧。

这些事情都是陈彧情绪平复后，打电话告诉我的，她的语气听起来不怎么难过，倒像在叙述一件平常事。噢，我要怎样安慰我的宝贝，才能抚平她受伤的小心灵？跟她一起痛骂面试官有眼无珠，不识千里马吗？这好像不是我的风格。碰到问题时，我习惯先想自己有哪些做得不够好的地方，而不是抱怨。如果跟她说别在外面闯了，暑假回国吧，她肯定不干，她是一个有抱负的孩子。想了想，还是给她发封邮件吧。

"作为妈妈，我本能地希望你要风得风，要雨得雨，诸事顺利，但这样对你的成长也许并不是一件好事。该经历的迟早要经历，年轻时吃些苦，受些挫折，从人生的角度来看是一件好事，它用泪水提醒你，你离目标还有差距，还需要历练，它用刻骨的失意逼迫你挖掘自己的潜能。所以说，被拒是一件好事，是带泪的微笑。当若干年以后，你实现了人生目标时，再来回忆过往的遭遇，你会感谢生活，感谢磨难。

"当下，你需要尽快走出这件事的阴影，忘记这件事的最好方法是把精力放在补习功课上，疲惫又迷茫的日子很快就会过去，很快又可以申请下一轮的实习机会。与其沉浸在失败的阴影里反复咀嚼痛苦，不如总结教训，卧薪尝胆，期待命运再给你一次从容选择的机会。毕竟人生有很多无法掌控的东西，比如即使你再优秀，也会有比你更优秀的人；比如你终将失去青春，时间会如流沙一般无可挽回地逝去。所以，对于那些努力了便能扎扎实实地握在掌心的东西，为什么不珍惜，为什么不争取呢？你一定和我一样明白，除了在寒风中裹紧衣领往前走以外，没有别的办法能带我们走向一个温柔明媚的春天。我也知道，在被庸碌现实俘虏之前，在被琐碎生活招安之前，你终将闪耀，一如宝剑锋从磨砺出，梅花香自苦寒来。"

陈彧回信："完全明白！我已经站起来了，其实现在很享受这种遇挫以后愈挫愈勇的心情，很平静，很励志。"

陈彧大四刚开学不久的一天半夜，我放在床头的手机响了，那一瞬间，我脑中第一个念头是：好事要来了。

这也许是近半个月来一直盼望的一个电话。我猜想这个电话是女儿打来的，此时正是美国下午3点左右，是美国公司的工作时间。如果是女儿的电话，那一定是报喜的。

我拿起手机，屏幕上出现的是女儿微笑的头像。"喂，妈妈……"女儿的声音听上去不像兴奋的高音，而是略带沉稳的中音，还有点像感冒引发的鼻炎，又像是刚刚哭过，我的心沉了一下。"我收到美国著名咨询公司的 offer 了。"

啊！我长长地出了一口气，说："吓死我了，听上去你像收到了拒信，怎么会这么淡定？难道是故意吓我吗？"

"没有啊，你知道的，我一向举重若轻的。刚才美国德勤咨询公司来电话，说的第一句话是有一个好消息告诉我。我一听就知道我成功了，但我拿着电话的手还是不自觉地颤抖着。我靠在门上，好让自己站得稳一些，这些天的努力终于有了结果。"

"宝宝，祝贺你，这段时间过得真不容易，现在可以喘口气了。"

在经历了大三暑期实习求职受挫后，陈彧的抗挫能力明显提高。那次寒假实习被拒后不久，陈彧接到了另一家著名咨询公司暑期实习生录取通知。这件事情让陈彧预感到毕业找工作的难度。大四一开学，陈彧便抓紧找工作。

　　虽然顶着常春藤名校的光环，理论上找工作比一般大学的毕业生容易一些，但事实上常春藤名校毕业生的就业竞争也相当激烈。开学后女儿忙着写简历，参加各大公司的招聘说明会，联络老校友，频频参加各种聚会，圈定自己有可能入选的公司名单，赶在截止时间前投递简历。然后频刷邮箱等通知，接受一轮轮面试，一轮轮被淘汰。

　　从康奈尔大学到纽约市要坐四五个小时的大巴车，为了面试和学业两不误，女儿往往乘夜车来往于纽约与学校之间，晕车、夜路、孤身一人……想到女儿正在经历的一切，我这当妈的既心痛又无奈。我什么忙也帮不上，一切都要靠女儿自己，靠实力说话。

　　面试后等消息的过程最难熬，我真想每天给女儿打一次电话问问结果，又怕给她带来压力，毕竟她比我还焦急。我唯一能做的就是一个字——等！不管是吉是凶，该来的时候就来了。有一天，在美国午夜时分，女儿来电话，说起话来气喘吁吁，原来她在从图书馆回宿舍的路上给我打电话。她形容自己是在用"垃圾时间"（走路时间、等车时间）在向我倒"垃圾"（诉苦、吐槽）。她告诉我，刚刚在某公司接收简历截止时间前又递交了一份求职简历。

　　有一个和她一起参加某公司面试的同学收到 offer 了，而她收到了拒信，大家公认那个同学水平不如她，她好难过。

　　我鼓励她："你今天吃的苦都会转化为明日的甜。记住，没有人会随随便便成功。"

　　是的，不经历风雨怎么见彩虹，从春天找实习单位被拒两次，到秋天求职多次被拒，哪个留学生没被拒过呢？被拒是再普通不过的事情了。难得的是陈彧没有失去再战的勇气和自信，她像一支经历了严冬的腊梅，终于傲雪绽放了！

五十岁以后为自己活

身为留学生的妈妈，我结识了不少朋友，共同的经历和目标使原本陌生的妈妈们走到了一起，成为无话不说的闺蜜。为孩子出国留学做准备时，妈妈们忙着给孩子找资料、选学校、陪同考试、准备行李……忙得像高速旋转的陀螺，盼望着哪一天能有自己的时间。孩子出国留学后，原本忙碌的妈妈们没得忙了，按说终于可以过悠闲的日子了，可是依我观察，有些妈妈时间有了，心思却没了。

有些妈妈自从孩子留学出国后，她们的心也随孩子出了国。孩子刚走的时候，每天无时无刻不记挂着：孩子吃了吗？吃的什么？吃饱了吗？吃得惯吗？孩子穿得暖吗？不会冻感冒吧？孩子住的地方怎么样？与同学们相处得怎样？孩子想家吗？孩子安全吗？于是，每天跟孩子打越洋电话、视频、微信、语音留言。一旦没能在第一时间联络到孩子，便坐立不安，满脑子尽是担心的念头。

孩子一开始还能及时回应妈妈的关切，无奈刚刚来到一个全新的环境，孩子要处理的事情太多，没时间与妈妈联络。再者妈妈颠来倒去都是那几句话，问得孩子烦了，自然没有多大的兴致跟妈妈说重复的话。被冷落的妈妈只好每天生活在孩子的微信中，翻看已经看过许多遍的微信，听不知听过多少遍的语音留言，就像《小别离》中的朵朵妈妈，整天以泪洗面，魂不守舍。身边没了需要照顾的孩子，这些妈妈一时间无着无落，生活失重了。

像上文提到的妈妈们一样，我也有过短暂的"失重"现象。我根据自己的实际，参考卡内基克服忧虑与压力的方法——活在今天的方格里，找出一套自我治疗的方法——精力转移法，让自己忙碌起来。

书法

女儿出国留学后，我首先拾起了放下多年的书法。我从七八岁开始一直坚持练习书法，书法水平不断提高。参加工作后，我把精力更多地放在工作上，有了孩子后，又全心培养孩子，自己的这个爱好只能在过年过节闲暇时间重温一下，书法水平在原地踏步。现在孩子去留学了，我终于有了大把的时间和精力。

我小时候学书法的环境不像现在这么好，几乎没有很多书法班授课。我那时没有正规的书法老师，没有书法班，自己东一脚西一脚地学习，走了很多弯路。现在我决定从头拜师学艺，从基础开始，像初学者一样，一撇一捺地认真临帖，努力改掉多年来的积习。几年下来，每天写字成为我生活的一部分，书法水平也大有长进，结交了一批天南地北的书友。

我经常和一帮志同道合的书友在一起玩，除了切磋书法以外，大家一起喝茶、聊天、看展览，甚是开心，不再整天牵挂孩子了。写书法的女子，整日与文字为伍，与墨香为伴，远离了灯红酒绿，远离了家长里短，气质自然文雅娴静，高贵睿智。我十分崇拜在耶鲁大学教书法的张充和女士，我希望将来自己能修炼成像她一样的女子，优雅地老去，为此我还特意刻了枚闲章"慕和"。

写作

小时候受哥哥的影响（哥哥是一位专业编剧），觉得长大当作家是一件很光荣的事，受人尊敬且很舒服。上学后对语文很感兴趣，作文常被老师当作范文在课堂上读，更坚定了我的作家梦。

中学毕业后因家境不好，我不得不报考了一所工科学校，在学校期间仍不忘读诗写字，时常做着作家梦。工作后爱好文学的热情仍未熄灭，被领导发现后，把我从技术岗位调去当文字秘书，从那时起一生与文字结缘。后来又从事企业宣传工作，办报纸、当记者，写新闻稿之余，常写些小散文，也常有文章在报刊上发表。

孩子留学后，我有了精力，开始构思一本有关培养女儿的书。四年来，我不断地读书、思考、回忆，把十几年培养女儿的点点滴滴写成一篇篇文章，反复修改打磨。有时半夜醒来想到一个好题目或者一个好角度，立即起身开灯记下来，生怕第二天忘记了。

不写作时自认为知识面挺广，具备一定的写作技巧，但是真刀真枪地写起来，方知自己欠缺的知识太多，词汇太陈旧，为此常受女儿的揶揄。我属于不用扬鞭自奋蹄的类型，坚信勤能补拙，认准了目标，再多的挫折也要坚持下去，所以就有了今天呈现在读者面前的这本书。在写作过程中，我始终觉得女儿就在眼前，仿佛一伸手就能摸到她，这也大大慰藉了我对她的思念之心。

旅行

工作的时候没有时间旅行，即使出差到了外地，也只是匆匆一瞥。孩子留学后，我经常和朋友、家人外出旅行。世界那么大，我要趁着自己还能走得动的时候，多看看大千世界。在我的许多次旅行中，最让我难忘的是西藏行。

那是孩子留学的第二年，我和卡内基的五位同学一起到西藏旅行了 18 天。去西藏是我的梦想之一，之所以我要尽快去实现这个梦想，是因为到了知天命的年龄，很多事情比以前看开了许多，也悟出了一些生命的意义，决定从此遵从自己内心的呼唤，努力去过自己想过的生活。

我非常赞同李开复在《世界因你而不同》里的一段话，他说："人生在世非常短，如果你总不敢做你想做的事情，那么一生过去留下的只有悔恨和懊恼。我常说追随我心，当然，追随我心必须是在负责任、守信、守法的前提下。冒一些风险是值得的。虽然经历风险的日子可能比较艰难，但如果不这样做，那蹉跎十年、二十年后就可能后悔终生。"

我们先到了西藏的林芝，然后去了拉萨、那曲、日喀则、山南地区。在西藏期间恰逢国庆节，我提议为藏族孩子做点公益，得到同行伙伴的响应。于是我联系了青岛援藏人员，他们安排我们参观青岛援藏点——日喀则一中，在学校里，我们了解到藏族学生们缺少冬季保暖的衣服，我们决定回青岛后给孩子们募集冬装。

在西藏期间，每天行程很满，很兴奋，也很累。即使再累，我也咬牙坚持把路上的见闻和感受记下来，因为很多感受只有在当时那一刻才会产生，离开了便忘记了。我把这些游记发给女儿，是给她做个榜样，因为我曾要求她旅行时每天记游记，所以自己要以身作则。

回青后，我原打算自己出版一本西藏游记，后来又鼓动同行的伙伴们拿起笔，结果我们 6 个人合作出版了一本游记《感受西藏》，自费印刷了 1000 本，除送朋友外，还义卖了 400 本，所得款项捐给了卡内基之友联谊会。我们在卡内基同学中发起了一场为藏族学生募捐冬衣的活动，大家纷纷支持，募捐了许多衣服和现金，分批寄给了日喀则一中，兑现了当时的承诺。

我认为一次高质量的旅游应该做到三点：出发前规划好路线，对要去的地方有大致的了解；在旅游过程中，要畅快地玩，坚持写游记；回来后整理照片、游记，分享给朋友，总结旅游心得。

西藏行是我迄今最难忘的一次旅行，也实现了我的一个梦想。人生很短，屈指算来，7 岁前长大，18 岁前求学，30 岁前求生存，50 岁前拼事业，抚养孩子，50 岁之后孩子自立了，才可以真正为自己活，过自己想要的生活。我在 50 岁生日那天给自己列了一个后半生梦想计划表，现在这个表上还有许多未完成的项目，接下来我要逐一去实现。

·下篇·
女儿篇

致高一的学弟学妹们

（此稿为陈彧上高二时为新入学的高一学弟学妹们介绍经验的讲稿。）

当周末你洗去军训的疲惫，向往而忐忑地与父母挥手告别时，恭喜你，你已经踏入一个新的征程。也许你已看到你未来的同学有多么厉害，也许你已听到老师孜孜不倦的教诲，我都要告诉你，高中，哪怕是二中，远没有你想象中的复杂！

因为在这里，你只需忘掉自己的过去，记住自己的现在。

是的，我们在初中都有差别。如果你是直升生、全国竞赛一等奖获得者，或者是中考成绩第一名，那么我要祝贺你，因为你有一个好的起点，有在一开始占领先机的可能，但请不要忘记，学习如逆水行舟，不进则退，你要做的绝不是保持现状，而是超越自我。如果你没有以上的光环，只是万千学子中平凡的一员，那么我更要恭喜你，因为你有着无限的可能。二中从来都是一个不缺奇迹的地方，你们的学长中，有从投档线的起点考上清华的；有从级部400多名最后考进前10名的；有最初对模联一窍不通但最后在世界模联得奖的。一切都是未知数，真正决定一个人成功的关键，不是他的起点，而是他的加速度！

要向别人学习

人外有人，天外有天，抓住一切机会向别人学习。我曾经一直以为上完课以后直接做作业就行了，可自从发现我们班有一位作业写得又快又好的同学，总是先复习一下当天学习的内容再去写作业，我也开始尝试，果然效果明显。要向每一位有长处的同学请教，充实你自己的行囊。

找到适合你自己的学习方法

找到适合你自己的方法，即使所有人都说怎样做好，你也应该按照自己的情况进行取舍，不是你去适应方法，而是想办法让学习方法适合你。中午睡不睡觉，晚上几点吃饭，参加几个社团，历史课用不用记笔记，从来没有人可以替你回答这些问题。

学会参与学生活动

二中的学生，很少因为自己的学习成绩好而获得极大的成就感。但如果你参加学生会、社团、城市发展委员会，在里面做一名干事，开始学习组织活动、拉赞助、发通知，不论最后结果如何，你都会油然生出一种自豪感，那是对自己能力的肯定，是对付出的回报。学会参与，就是用最恰当的方式，协调好学习与学生活动，其实做起来并不困难。

学会犯错，鼓起勇气来尝试

不论你是参加班委会竞选惨败，还是学习成绩并不理想，都没关系，很多当时让你觉得羞于启齿的事情，过后想想，也都可以做到云淡风轻。反之，如果你当时因为怯懦而没有去尝试，以后你每每想起，就会满怀遗憾。犯错并不可怕，因为年少，我们有的是时间来调整航向，所以从错误和失败中汲取教训，不失为一件有意义的事情。

学会谦虚

我去参加鲁中半岛高中生峰会时，见到六所学校的代表，他们个个都是口齿伶俐，反应敏捷。不要以为在级部考了前 10 名，就全国无敌了，你这次做得好，不代表永远都好；你的学校好，不代表别的学校没有比你更好的学生，将眼光放远一些，你的竞争者，来自全山东、全中国，甚至全世界，而非仅仅来自你们班。时刻保持一颗谦虚的心，你将走得更远。

不要苛求完美，做好自己该做的事

最后，希望你不要苛求完美，你不可能样样都好，也不必事事争先。做好你该做的，喜欢做的，尽力就无愧，快乐最重要。看着身边的同学从红地毯上走来，是不是一道很美的风景？

我从来不会祝愿别人万事如意，因为在这个世界上哪有万事顺利的时候呢？我希望你经历更多的事情，见识更多的人，应对更多的困难，这样，当你完成这一年的学习后，你就不会觉得遗憾。

写于 2010 年 9 月

我要做这样的人

康奈尔大学是一所很美的大学，在这里，永远让我着迷的地方是连接中心校区和西校区的大草坡。广阔的草坡上有零星的几棵树，站在草坡上可以俯视整个伊萨卡小镇。别的美景有可能被我忽略掉，但不论白天晚上，这里大气、宏伟的全景总能让我的心情好起来。

我刚才急急忙忙地跑回图书馆，写下这篇文章，是想记下我刚才用了一个小时坐在这个大草坡上思考的一些事情。我不知道以后回想起来，今天听的这个演讲会不会是我生命的一个转折点。

酒店管理学院今天请来的主讲嘉宾是我有生以来看过的最优雅、大气和自信的女性——克里斯蒂娜·玛瑞安尼·梅。

她是班菲酒庄的第三代继承人，现在是家族企业的联合主席，主管公共关系和市场营销。我来晚了，偷偷溜到楼上，打算边听"成功秘籍"，边练听力，边打瞌睡。但是当我第一眼看到站在台上的她，听到她说的第一句话时，我就完全被她吸引住了。她身材高挑，两臂健壮（她是马拉松运动员），小腿修长，端庄稳重地站在台上，用合适的语速时缓时快地讲述着自己家族的故事。

她言谈中的优雅、自信和谦逊非常神奇地融合在一起，让人如沐春风，又如痴如醉。跟我以前见过的演讲者不同，她虽然是怀着商业和宣传目的来的，但并没有絮叨班菲酒庄的经营理念和领先地位，而是幽默地结合家族趣事，分享自己的经验，让人觉得这真的是高贵、和睦又真实存在的一家人。

如果有可能，我会下载这个演讲视频，然后反反复复地看。没有谁比她更加接近卡内基理念了，但是她又远胜于我在卡内基见过的人！她的幽默浑然天成，举止无比自然，激情由内而发。如果有可能，我还打算将她的演讲内容背下来。

她的演讲结束后，经久不息的掌声像一束电流穿过我的身体，让我浑身震颤。让我感到震撼的不是她的演讲技巧，而是她让我明白了，我想做她这样的人。这就是我坐在潮乎乎的草坪上想的事情。

长期以来我一直都处于一种矛盾中：要现实，还是要梦幻？换一句话说，是做自己"能"做得好的，还是做自己"想"做得好的？

可以说，现在读的理工科是我有信心做得好的专业。长久的学习让我变得自律、刻苦，即使我没有科学家的天分，我也有信心圆满毕业，毕业以后能找到一份理想的工作。但我觉得，比起严谨精确的工程师，我更想成为的人，是那种风趣优雅的女人，是可以站在聚光灯下享受众人瞩目，有人文底蕴、有内涵，说话可以让他人感到震撼的人。因为我的梦想就是做一个知性和成熟的女人。很多时候，我希望自己像妈妈那样，更美丽一点，更智慧一点。

当然说这些，并不是说学理工科和做一个优雅知性的女人相矛盾，我也希望在成为一个优秀的理工学生之余，多读一些文史哲的书籍充实内涵。但最近发现酒店管理学院的课程门门都很吸引我。如果我"要做"的事情和"我想"做的事情完美重合，岂不是为自己的梦想加油助力？

坐在草坡上，我好像突然明白了自己在"工程"和"酒店"之间，或者说在"现实"与"理想"之间一直犹疑不决的原因：我没有安全感。学理工科，可以让我看得到未来的路；但是学酒店专业，这个跟我原来生活圈没有丝毫交集（旅游住过酒店除外）的专业，让我觉得如同站在有着层层迷雾的十字路口，看不清前方的路，不敢贸然前行。

妈妈曾经说过，留学生要先立命，后立志。没有生计，何谈理想？如果没有练就实打实的本领，上学又有什么用？也许我更应该把自己的梦想构筑在务实可靠的现实上，更应该扬长避短，而不是好高骛远。

写于 2012 年 11 月

生日感想

女儿发给爸爸妈妈的邮件

爸爸妈妈早上好：

我今天很高兴，因为有好多同学在网上祝福我生日快乐啦！而且今天是本周唯一的一天下午放学后没有开会。这周超级忙，两个考试和许多琐事。

妈妈，抱歉，一周都没和你联系。我现在发现自己好像更喜欢用文字的方式和你交流。在生日这天我要跟你说：19 年前你辛苦啦！谢谢你辛辛苦苦地把我生出来啦！

最近我读到一段话，让我深深地感受到父母的伟大。书中这样说：孩子到了 12 岁，要渐渐实现自己的人格独立，确认"自己"的存在，所以要在心理上渐渐和父母分离。虽然对父母来说，这种分离很痛苦，但是心理健康的父母可以忍住，逐渐放松对孩子的控制；心理不健康的父母接受不了这种转变，会用强加的控制来确认自己在孩子心里的重要性，所以孩子可能终其一生都没有实现这种分离。虽然这种"不分离"在表面上看起来可能是每个父母都期望的"百依百顺"，但是它的弊端可能在以后的婚姻、事业上中显现出来。

我看完以后突然觉得爸爸妈妈很伟大啊！竟然能够忍住不舒服让我成长。让我觉得更幸运的是，我在这种分离期间并没有觉得不适应，好像一切转变都是自然而然的。我既没有在家叛逆，也没有在外想家，我甚至不知道是什么样的锻炼和经历让我能够比较自然地适应目前所处的环境。哈哈，难道是天赋异禀？

爸爸，你知道孩子都会自以为是，虽然我到现在还不能克服自以为是的缺点，但有时候我也会想想你给我提的那些不留情面，但有几分道理的建议。我需要用一辈子的时间来平衡自己，特别要谢谢你一直在旁边给我敲警钟！不过有时候警钟也不要敲得太过啦，否则会敲傻的。

如今 19 岁的我开始理智地看待生日了。我开始明白，虽然生日这一天很重要、很有纪念意义，但更重要的是把每一天都过得开心、充实！

妈妈回复女儿的邮件

宝贝：

看了你的邮件，我忍不住流下了眼泪。谢谢你，会在这一天感恩我们！说实话，在你的那篇文章中最让我动情的话是"辛辛苦苦地把我生出来"。生你前后，我确实经历了人生中的一场生死考验，虽然现代医学技术很发达，但作为大龄产妇，我在生你的时候一度出现大出血的症状，紧急输血 600 毫升，好在有惊无险。

你出生后一直健康成长，没有生过大病，也很少生小病，人格成长也很健康，长大后变得知书达理，而且考取了常春藤名校，如今还懂得了感恩。我的辛苦也就得到了回报。你独自在国外生活，没有爸爸妈妈的保护，要注意安全，凡事小心，安全至上。即使遇到天大的挫折也要好好活着，你要珍惜你的生命，你的生命不仅属于你自己，也属于我和你爸爸，你是我们的一切!

知道你本周很忙，考得一定都不错吧。我们周日视频吧。

女儿回复妈妈的邮件:

妈妈:

我可以想象出你写这段话的时候一定很感动。我只是希望，我的人生以后不要用success(成功)定义，而要用greatness（伟大、高尚）和 happiness （快乐）定义。对我来说，常春藤名校是光环，但更是汲取知识和开拓见识的大讲堂；我也希望，你不要把暂时的分离看成牺牲和痛苦，而是要试着移开重心，过好自己的每一天。

写于 2013 年 2 月

逃避孤独

身边经常有这样的人，为了让自己看上去不孤独，就拼命结交朋友，加入各种组织社团，或者恋爱一段接着一段；如果一个人吃饭，一定要拿出手机发短信，或者跟人用手机聊天；更有甚者，为了不让自己显得孤独，没有人陪的时候就干脆不出去吃饭。

读过毕淑敏的一篇文章《孤独是一种兽性》。我当时深深赞同这种"人天生孤独论"，由衷地觉得不能享受孤独的人是不健全的、脆弱的。

但是当我今天一个人坐在学校食堂里最阴暗的角落里，孤独地啃着寿司的时候，我却开始怀疑自己以前是否高看孤独了。

孤独也许是灵感的催化剂。当你没人可讲、无人可陪的时候，只有自己跟自己对话，钻到内心深处去，把一点点小事反复咀嚼，也许深刻的思想就由此诞生。回想起我曾经定义的"真正的自信"，我认为真正的自信不在于别人对你的评价怎样，也不在于你有没有把事情做好，而在于你对未来进步的信心和对于自身能力的肯定。我想，如果我拥有这种"真正的自信"，也许就不会觉得这么孤独了。可见，我也许还是不够坚强。

写于 2013 年 1 月 8 日

需要多少温暖，才能抵御孤单

曾经并肩往前的伙伴，在举杯祝福后都走散，只是那个夜晚，我深深地都留藏在心坎。

——《明天你好》

你做过最可怕的梦是什么？是在荒凉的大草原上被狮子追赶，还是在低矮阴暗的甬道里爬不到尽头？如果是，那么你还是太天真。我的SAT老师有一句名言：阅读最怕遇到的不是莎士比亚，也不是狄更斯，而是乔伊斯和卡夫卡。

我做过最可怕的噩梦，充满了乔伊斯的意识流和卡夫卡式的荒诞。在梦里，我变成了一只断线的气球，飘在一个四面都是灰墙的房子里。气球越飘越高，最后不断碰触天花板。我惊恐地想回到地面，却发现无论怎样使劲都下不去。梦里的我急得一身汗，挣扎、呐喊，却没有声音，那种绝望直至醒来都让我记忆犹新。

如果用意识流的理论来解释，那么我潜意识里的飘荡代表了我现实生活中的割裂。中国是生养我的大地，齐鲁是滋养我的文化，七大姑八大姨的觥筹交错是我熟悉的生活。但是留学以后，我飘离了生我养我的土地。我以为我变成了圆融的世界人，但每次回国，每次打电话回家，那种不真实感又汹涌袭来。我好像分裂成了两个人，一个善解人意，一个野心勃勃。有时我又好像谁都不是，只是一个掉到夹缝里孤军奋战的女孩。

我觉得留学孤单这事儿，就像战争。那是一种体会了之后才明白的感觉，是一种历练过后才能获得的心境。孤单，是一场个人的冲锋。有人还在山脚下，大多数人在半山腰，少数前辈已在山顶，一览众山小。这是一场无法打赢的战争，因为对手是我们自己。

这么多年，我从来没有为学习发过愁。我绝大部分的孤单和挣扎来自人际关系，最让我感到脆弱的事情就是朋友们都不在身边。虽然高中时期的很多好朋友也踏上了美洲大陆，但美国之大、学业之忙让我们当初"到了美国去找你玩儿"的承诺成了水中月镜中花。微信里的互相激励只是肤浅的安慰，我们甚至都没有耐心和时间，去了解朋友为什么会为一件芝麻大小的事情而难过。我突然很想念在青岛二中住八人间宿舍、吃大锅饭的日子。

两年后，当我和几个最好的朋友终于在加州相聚又分别时，想象中的哭哭啼啼却并没有发生。我们平淡地互道再见，互相祝愿梦想成真。

小时候，我总想不明白，为什么水木年华的《启程》一点难舍难分的离别之情都没有，反而催促朋友快点上路。而等到我长大了，我发现分别真的没有那么矫情，某天再见，也只是重新唱起少年的歌，就像我们从未离别过。

成年人的交往看似淡了，但这不是因为互不关心了，只是明白了，谁都只能陪对方一程。虽然偶尔在路上会与别人平行、交叉，但最终都是一个人重新上路。而留学，就像是提前断奶。但正因如此，偶尔的相聚和温暖才格外珍贵。

一个人孤身在外的时间长了，再也不把任何事视为理所当然。当善意到来时，人心会变得格外敏感。曾经我上德语课时，总是发不出小舌音，下课后老教授专门把我叫到办公室，教我含一口凉水练发音。偌大的办公室，只见我们一老一小，咕嘟咕嘟地喝下了足够一天喝的水。

我在迈阿密的公交车上向旁边的老太太问路，没想到老太太是墨西哥人，只会讲西班牙语。她手舞足蹈地给我比画着路线，在我险些要下错站时轻轻按住我的手叫我不要下车。在大学城里，下班最晚的永远是那个物美价廉的广东餐馆。每每凌晨两三点我编完程，饥肠辘辘地去买消夜，来自广东的中年店主总是问我怎么搞到这么晚，然后多给我舀一勺糖醋里脊。

一个人需要多少温暖，才能抵御孤单？也许很多，很多。有些温暖靠别人馈赠，有些温暖靠从外界汲取，还有些温暖要靠自己生发出来。只有拥有了很多很多爱，才能在悲伤时不放弃，失败时不自疑，才能在柔软的心上筑起堡垒，砥砺风雨，无坚不摧。

写于 2016 年 1 月

从复健马中体会人文关怀

大一的春假来得让我有些措手不及，对于我这个在异乡"无家可归"而又不想在宿舍待着的人来说，在这 5 天的假期里参加学校的集体活动似乎是一个不错的选择。于是乎，我懵懵懂懂地参加了一个很受学生欢迎的 Alternative Break（不一样的假期）活动。这个活动由康奈尔大学公益服务中心举办，内容是利用几天的时间将康奈尔大学的学生送往全国各地做志愿者。而我，出于对马术的热爱，选择参加纽约市的"喂马"的活动。

活动的名称叫 Gallop（飞奔），它提供一种非常特别的马术服务——给残疾儿童免费的骑马机会。我经过培训才知道，有一些患有身体或者心理疾病的儿童，除了接受必需的医治以外，还可以参加这种"骑马复健"项目。

长期的经验和研究表明，骑马可以提高残疾者的身体协调性，还可以帮助肌肉活动。对于患有自闭症、抑郁症或者脑瘫等疾病的孩子，与动物之间朴素的交流与互动不仅可以帮助他们建立与世界的联系，还可以建立信任。我们所去的马场就是Gallop志愿者的一个主要基地。

等真正到了这个位于纽约市布鲁克林区的马场后，我才发现，"喂马"只是服务的一部分。由于志愿者稀缺，我们和Gallop成员一样，负责整个马场的各种工作，如喂马、打扫马场、清理马粪、陪在等候区的孩子们玩耍等。

原先以为自己爱马如痴，现在才发现，自己爱的只是骑马这一光鲜的部分。真正的马场不仅脏乱差，还永远弥漫着一股淡淡的马粪味。马儿们有时还很凶，给它们刷毛洗澡的时候要格外小心，不然就会被踢到。刚去的头一两天我觉得累坏了。

但是从第三天起，事情发生了变化。我被轮换到"护卫"马的工作岗位上：一个小孩在骑马的时候，除了需要有经验的工作人员牵着马走，还需要左右两边各站一人，从侧面确保小孩不会发生危险。刚开始的那一两次我非常紧张，不仅要跟着马儿小跑，而且要扶住小孩的腿，确保孩子的脚时刻蹬在马镫上。

三月的纽约依然很冷，偌大的马场没有暖气，跑出了一身汗的我可谓是冷热交替，但是我很开心。

我亲眼见到一个刚来时没有表情的小孩子，因为挠马儿痒痒，他笑得乐不可支。有些小孩因为一开始要做简单的跳跃而非常害怕，在马上不停哭闹，但是工作人员耐心劝抚，不曾有一点疾言厉色。最终大多数小孩克服了恐惧，任由马儿带着自己跳过了三四十厘米高的栏杆。而对于特别害怕跳跃的孩子，工作人员也没有勉强，带着他们多做几次绕圈来恢复勇气。

跑了一天，出了一身臭汗，我却觉得这一趟来得很值，不仅见到了孩子们离开时欢天喜地的笑脸，还真正从细节处体会到了人文关怀。所谓人文关怀，不仅关怀普通人，还要关怀那些身心有障碍的人。

随着在康奈尔大学的时间越来越长，我也看到了更多的人文关怀，在校园的各个角落支持着形形色色的学生，有专门咨询减压的组织，咨询厌食症的组织，等等。于是我开始相信，人文之心，就是看重人本身，关心人本身。

写于 2013 年 3 月

活出自己的人生是最好的言传身教

快放寒假的时候，老妈打来电话。

"你寒假不回来吧？"

"不回来呀，不是和你商量过了吗？"

"确定不回来对吧？"

"对呀！"

"太好了！我前两天刚报了一个书法班，新年期间在温州集训，来的都是大师，我还怕你突然决定回来了呢。"

"……（是亲妈么？）"

留学四年，很多有关妈妈的消息都是我从她在微信群里发的照片得知的。她是一位极其富有激情的文艺女中年，前一天晚上想起来正是油菜开花的季节，隔天早上就能开车去泰州。她不止一次地跟我说过，我留学的四年就是她解放的四年，以前没有游遍的名山大川，都留下了她的足迹。

我从没觉得妈妈会因为我的出国留学而抑郁。我们之间有很多精神上的交流，早早就达成共识：女人一定要拥有完整的自我和爱好，不能把生活的全部重心都放在一件事上。因此，当我回国参加亲戚朋友聚会，有一位阿姨就悄悄地把我拉到一边，要让我好好陪陪我妈妈，否则我妈妈为了"逃避家里的空房子"而全国到处跑，我听后笑而不语。

我也认识不少身边同学的家长，对他们来说，孩子是绝对、唯一的太阳，而他们是围绕孩子旋转的小行星。在他们眼中，我妈妈的情况"十分值得同情"。但在我们家，大家都是行星，在银河系秩序表里的地位是平等的。老爸经常出差，我们三人有相当一部分时间都分隔地球三地。偶尔交叉，偶尔平行，多数时候，大家都有条不紊地按照自己的轨道行进。

我妈在成为文艺女中年前是妥妥的文艺女青年，年轻的时候就喜欢边喝茶边读诗词。可惜年轻的时候，事业和家庭占据了她大部分的时间，她只是偶尔在报纸上发篇小豆腐块文字。终于，我因为留学离开家了，她有了大量时间打磨自己的爱好，总结自己的前半生。

书法也是一样。她小时候跟着附近的书法好手东一榔头、西一锤子地学写毛笔字，虽然小有所成，但终归不够正规。我留学以后，她下决心重新拜师，从头开始纠正，系统地学习真草隶篆。

除此之外，她还发起组织了一个卡内基之友联谊会的公益组织，聚集了一批正能量的卡内基训练学员（简称卡友）帮助他人成长励志；她是几个大微信群的群主，和志同道合的朋友们分享生活的乐趣……

我爸爸也闲不到哪里去。他最大的爱好就是吃，工作之余就喜欢研究新菜品。爸爸尤其擅长做丸子，今天煲一个汤，明天弄一锅大杂烩，自己满足了口腹之欲以后还非要把照片拍下来，发给千里之外的我。他那里的中午正好是我这里的深夜，我多次抗议后无效，只得依靠毅力继续饿着肚子赶作业。除此以外，他还是个军事迷，时不时发表一下他对国际形势的看法，写信给张召忠谈他的 "研究成果"。想来也算是遗传，因为他在军营中长大，职业又与船打交道。

其实有这么"玩心大盛"的家长，虽然偶尔会被冷落，但是在大部分时间里我还是很感激爸爸妈妈的。我在康奈尔大学有一个同学，他妈妈从生他以后就成了全职太太，倾注了全部的心血来培养他。他出国留学以后，一天要和妈妈通 1 个小时的电话，将一天发生的事情交代得事无巨细。由于两地时间正好日夜颠倒，他妈妈在白天的时候没办法跟儿子通话，就点开微信语音，一遍遍重听儿子的录音，我们都笑称他妈妈"活在儿子的声音中"。而这对我同学造成了巨大的压力。他觉得他是母亲的精神支柱，是家里的中心，所以每天都在为母亲而活，不能随心所欲地做任何决定。我不敢想象，如果父母没有拥有自己完整的生活，而是每天花 12 个小时思念我，我还会不会有现在这样完整的自由。

我很早就知道，每个人都有责任把自己的生活安排得充实有趣。小时候，我最喜欢父母出门应酬的晚上。他们一走，我就把茶盘拿出来，把家里所有的茶桶都排成一排，按照自己的灵感，一样取一点，然后冲泡这个"混合"茶叶。茶叶是什么味道我早就忘了，估计不好喝，可能那时候没什么品味的我也察觉不到。

再大一点，泡茶叶变成了披着床单在家里走来走去装"贵妃"，后来变成了和朋友一起去踏青。而我可以自由掌握的时间渐渐从一个晚上涨到一个假期，父母对我可以在学习和玩耍中找到平衡抱有充足的信心。

终于，我这颗月球脱离了地球的引力，像一个真正的行星一样，向宇宙出发了。

写于 2016 年 2 月

敬业的妈妈

在柏林去慕尼黑的火车上，我见到了一对非常敬业的德国家长。他们带着一个七八岁的小男孩，一落座，妈妈睡觉，爸爸就像变戏法似的从包里掏出拼图、扑克、大富翁、乐高积木游戏、Catan（德国经典桌游）……起初，男孩子在车厢里乱跑乱蹦，但他很快被爸爸拼的大富翁棋盘所吸引，就这样你一言我一语地玩了起来。等火车到了莱比锡的时候，妈妈醒了，自觉和爸爸换岗，母子俩还边玩边轻声交流策略。

作为他们的邻座，我敬佩地观察着这家人。我在坐火车时，但凡邻座有小男孩，我总是诚恳地祈求上苍，让小孩全程睡觉吧。退一步讲，他手捧 iPad 大笑，我也能忍。最头疼的就是家长什么也不做，也拒绝和小孩进行交谈。于是孩子很无聊，后果很严重，周围群众很受罪。

小时候我没有意识到，和我妈在一起的时光之所以过得又快又有趣，是因为她"敬业"地和我相处。比如在飞机上，比起呼呼大睡，她更喜欢教我读李渔的《笠翁对韵》，而到现在我都还记得"天对地，雨对风，大陆对长空"。也正因为如此，多年以后我在山顶看到绝美的落日时，我可以在大家一片"哇！这景色太美了！"声中，默念一句"落霞与孤鹜齐飞，秋水共长天一色"。

她的敬业还体现在不辞万难地教我自立上。照顾过小孩的人都知道，让小孩子自立比替小孩子做还费力。首先你得清楚地表达意愿，然后提供恰到好处的指导，最后还免不了指东打西。就这样，我妈硬是在我很小的时候就培养了我自己睡前叠衣服、自己收拾书包（后升级为行李箱）的习惯。

等再大一点，妈妈经常领着我去好多阿姨家混糖吃。当然这个糖也不是白吃的，后来它被证明是我妈的另一个教育目标。做客之前，妈妈会叮嘱我基本的人情往来守则，基础版守则包括"见了大人要问好""换鞋之后才能踩地板"等，我自然可以轻松掌握。进阶版守则包括"不要欺负弟弟妹妹""不要看见喜欢的就放口袋里"等，我在学习以后也能勉强记住。

我最头疼的则是接受礼物这样的"高级问题"，我需要在言语的细小差异中，判断阿姨的真正意图。如果她说："这个小玩意儿是我从云南带回来的，送给你。"那我就可以收下。反之，如果她说："这是我在云南买的小玩意儿，孩子喜欢就让她拿着吧！"那就是客套了，我就应该及时表示没有独占的意图。

当然，这个问题这么复杂，我常在河边走，哪能不湿鞋，而老妈也免不了引火烧身。记得有一次，一个阿姨请我吃糖，但她一下子说了太多话，让我实在分辨不出到底应不应该把手伸向小糖糖们。在使出我的全部智力依旧未能解决疑问时，我突然灵光一现，和那个阿姨说："妈妈说有糖要先给她吃！"这下总错不了了吧！我永远忘不了我妈当时的眼神，暗含惊吓、尴尬和杀气。听说我妈的事迹被那个阿姨在单位传遍，被同事揶揄了整整一年，此为后话。

我妈有一个突出的优点，她在人前从来不指出我的错误，从来不揭我的短。她会在回家的出租车上给我详细分析，不仅指出我哪里没做好，哪里做得还不够，她往往还进行情景分析，比如万一那个阿姨当时是这么说的，问我该怎么做……反正我小时候除了世界八大未解之谜外，最好奇的就是：我妈妈是怎么记住那么多东西的。她是在我转身去玩时偷偷写在本子上的吗？

我妈对教子大计的敬业程度还体现在对理论的重视上。从小到大的每一个教育课题，她都通过做剪报的形式，积极丰富自己的知识储备。从选校到爱好，到底哪个小学好？哪个初中好？哪个高中好？到底小孩应该学什么才艺？学几种才艺？她都快把自己变成了教育专业人士。

在我留学准备时期，我妈的知识储备也达到了巅峰状态。我家关于留学的书籍整整堆满了两个书架，妈妈对世界排行前50名的大学如数家珍。我曾打趣地说："万一你哪一天失业了，可以自己开一家留学中介公司。"

当我出国留学忙得不见影时，我妈的"教育大计"似乎无奈地搁浅了。但她很快找到了新的方法，开始通过微信对我进行远程"精神控制"。比如时不时地给我发"哈佛大学旁边房价"的信息，敲打敲打我，让我知道还得好好考研究生，又或者偶尔装作无意地说"现在可以找男朋友了"，听听我的反应。我都跑这么远了还不放过我，看来是时候和她好好聊一下了！

写于 2016 年 1 月

聚光灯下

前几天我和其他三名大四学生并排坐在主席台，我们应康奈尔大学亚裔学生社团邀请，给低年级同学讲职业规划。放眼望去，台下100多名亚裔学生正用渴望的眼神看着我们。

台上的我用英语侃侃而谈。讲毕，有疑问的同学纷纷围了上来，并表示希望继续和我用邮件联系。我望着这些稚嫩的面孔，眼前浮现出我刚到康奈尔大学时的样子。那时的我也非常崇拜讲台上的学姐们，羡慕她们在聚光灯下自信的神情，期待自己也有一天可以在聚光灯下充分展示自己。

我到底是从什么时候开始热爱讲台、热爱被注视的呢？肯定不是在小学时期。作为班里最矮的小不点（这个现象持续到了高中），害羞内向的性格伴随了我整个童年时代。我在班里的关注度和我的身高成正比，而我也安于坐在没有话题的角落，静静地做自己的事情。即使偶尔被数学老师点起来回答问题，我蚊子般的音量根本传不到最后一排同学的耳朵里，语文老师早已认识到这一点，一直都是她来替我读我的高分作文。

就当我计划做一辈子安静的美少女时，母亲大人突然在我小学毕业的那个暑假送了我一份"惊喜"——卡内基训练的青少年课程。她对我说，她通过上卡内基成人班，学到了很多关于沟通的技巧，所以也要送我去上。

这份大礼对于我只有"惊"没有"喜"。在这第一个没有《暑假园地》的假期里，我的小伙伴们都可以窝在沙发上把《还珠格格》看满30遍，我却要每周去上那个无比漫长的课，去学演讲。再说不喜欢演讲的人天生就不喜欢演讲，难道我要改变自己的性格不成？

伴随着"威逼和利诱"，我妈成功地将我推进了卡内基的教室。上第一节课时，我对"上课"的概念就被我们的讲师夏老师给颠覆了。他轻快地走进教室，声如洪钟地和大家打招呼，然后并没有像常规上课那样开始写板书。他让我们每个人都站起来，和身边同学打招呼，打满五个招呼才能回座位。我于是硬着头皮和不认识的同学微笑，握手，介绍自己。等介绍到第五个人时，一直痛恨自我介绍的我，竟然感觉到了一丝"游刃有余"。

两分钟后我回到座位坐下，突然觉得之前紧张的气氛一扫而空，甚至想到，我连"自我介绍关"都过了，看你还有什么能难倒我！没想到接下来的几堂课，老师拿出了一个个更大的挑战：他让我们每个人挑选一段台词，然后在全班人面前手脚并用、极尽夸张地"演"出来……我以为我完成得够好了，结果得到的评语还是"放不开"。老师还给我们布置打电话任务，让我们在一周之内给我们最想感谢的三个人打电话。电话在嘟嘟响的时候，我多么希望电话那头不要接起来……

经过了几周这样的魔鬼训练，当我们对卡内基花样百出的"酷刑"已经见怪不怪时，夏老师拿出了他的终极大杀器——定时演讲。学员要在一分钟内讲个故事，同时故事各部分（开头、高潮、结尾）的长度要严格卡在限定时间段里。我对第一次演讲时的紧张依旧记忆犹新。当我磕磕巴巴地讲完自己的故事时，我感到了一种从未有过的舒畅，就像感冒鼻塞很久的人鼻子突然通畅了一样。

我对这种舒畅感是会上瘾的。当第二次演讲时，我第一个举手，像倒豆子一样噼里啪啦地把演讲稿背了出来。当第三次演讲时，我开始思考为什么有些人讲得比我风趣生动。当第四次演讲时，我学会了只记住故事的骨架，上台以后随机应变……不知何时，我争先演讲不再是因为"早些应付完事"，而是因为我喜欢看大家认真地听我说话的样子。

大概是从那个时候起，我开始意识到自己很喜欢站在聚光灯下。原来那个总是低着头、轻声细语的小女孩也有"表现型人格"，希望别人能把殷切的目光投向她，记住她的故事。我不再视演讲为洪水猛兽，相反，我开始运用演讲来展示自己的能力。初中一开学，我成功地在一群新同学面前竞选到了团支书的职位；升高中时，演讲助我打开了直升选拔的最后一道大门；高中时，演讲帮助我当选多个学生组织的小领导。我也尽力争取任何一个演讲机会，虽然演讲前的焦虑和不安不减当年，但它成了我心甘情愿的焦虑、甘之如饴的不安。

正如每个人都有自己的高峰和低谷，我的演讲状态在康奈尔大学留学初期出现了一阵低迷期。我并不流利的英语和有点土的口音给我带来了很大的不安全感，我很想像婴儿一样，用最安全的姿势蜷起来，用沉默来掩盖自己的不自信。但好在多年的演讲训练提醒我，提升自我的唯一途径就是冲破自己的舒适圈。是的，永远待在舒适圈里是最安全的，但我就永远不能再站在梦想的聚光灯下了。

于是，我又像小时候一样，隔段时间给自己设定一个高一点的目标：现在我坐在第一排才敢举手发言，下次我在最后一排也要举手；现在我回答的多为"Yes"或"No"，下次我回答的内容要长一点；现在我只有对答案十分肯定才敢举手，下次即使我不百分百确定也要发表自己的意见……

两年前我加入了康奈尔大学的导游团，给来参观的学生和家长解说、解答，当时我只能带五六个人。两年后，我的团扩大到了 30 人，我又成为大家殷切目光的中心了。但只有我知道，聚光灯下越亮，越需要周边巨大的阴影来衬托，正如为了讲台上那光鲜的一瞬，在黑暗中付出汗水的万千个日夜。

写于 2016 年 3 月

平实的幸福

一月份的伊萨卡，放眼望去白茫茫一片。由于还没有开学，整个西校区连一个人影都没有，仿佛整个校园都是自己的。我在室友和小G的劝说下，决定尝试一下伊萨卡的传统冬季项目——滑雪（Sledding）。

虽然Sledding的中文翻译是雪橇，但是在康奈尔大学，特指从山坡上"坐"着滑下来。这项运动可专业可亲民，专业人士可以用宽大的特制雪橇板，我和同学会开动脑筋，把手边的材料废物利用，比如踩平了的纸盒子或者滑板（这个有加速功能，慎用），上面载着一个或两个包裹严实的学生，从雪坡上"飞流直下三千尺"。

当朋友们第一次叫我去滑雪的时候，我其实是拒绝的。我觉得，作为一个四肢不协调的人，要是摔伤了怎么办，要是停不下来了怎么办？另外，康奈尔大学别的没有，就是树多，要是撞树了得赔啊。

让我最终克服恐惧的是即将毕业带来的豪情。好像在学生眼里，所有的事情被清楚地分成了两类：学生做的事情和成年人做的事情。

从雪坡上滑下来的活动则被光荣地归为前者。

滑雪的当天，我大义凛然地走向山坡的顶端，尽量屏蔽上次滑雪摔成倒栽葱的回忆。我小心翼翼地上了滑板，坐得极为僵硬，手脚触地。当我松开手脚的瞬间，滑板被启动，然后就像脱了缰的野马一般疯滑下去。一时间，我所有的矜持都没有了，本能地喊出最大声音，天地间好像就我一个小黑点在移动，其他都是静止的，等到了山脚下的缓坡，惯性用尽，我方才停了下来。

真爽啊！

直到这时，我才知道为什么大家对这个项目如此乐此不疲。我像一只刚刚衔到球的金毛一样，屁颠屁颠地往山顶跑，希望再来一次。可惜的是，第一次好像用光了我的好运气，后面几次我总掌握不好重心，以至于雪橇旋转180度，后面变前面，让我面朝山顶滑了下去。我就这样一次一次试着，直到天黑了，室友和小G一人一边才把我拖到车里。

我在康奈尔的大部分闲暇时光，就是做这些事消耗掉的，既没有灯红酒绿、挥金如土，也没有十年寒窗的头悬梁锥刺股（虽然"寒"这事儿是真的），缓缓升起来的是平实的幸福。

怎么描述那种平实的幸福呢？那是自己料理生活之后才能发现的小秘密。比如在频繁搬家后学会了多（一个箱子装两倍的东西）、快（一小时搞定）、好（行李结实又不散）、省（节省空间）地打包；每搬进一幢新的房屋时，快速找到暖气旋钮的满足；第一次竖大拇指拦车，看着小汽车一辆一辆地在我们面前加速而过，和闺蜜面面相觑，随后不顾形象地大笑。

当然，对于我来说，最大的幸福还是享用各种美食。学生限于预算，不能天天下馆子。冬天，我们会围在一起吃火锅。有的同学买来蔬菜和肉类，有的同学弄来鱼丸和关东煮，我们一起等着从重庆带来的汤底开锅。暖和的汤食下肚，从胃里暖到心里。

春节，大家一起下饺子，通过不懈观察，我终于明白了自己屡下饺子屡破的原因。原来妈妈教了我如何包饺子，可就是没告诉我，饺子是开锅以后才下的啊！

在备战考试和写论文的日子里，我通常会从网上订购一大箱零食，一有闲暇就追踪我的包裹到了哪里，比翻书翻得还勤。如果包裹在原地没挪窝，我一天就会很沮丧；如果看着包裹慢悠悠地朝我挪，我则比考试得了 A 还开心。零食到了，我就会偷偷地在刷了牙、进了被窝以后，撕开一小包，犒劳自己又辛苦地度过了一天。

让我最有成就感的，莫过于看着自己掂量着买的食材，在要出门的前一天刚好吃完。后来我发现，用鸡蛋可以做成煎鸡蛋、煮鸡蛋、荷包蛋、鸡蛋羹，还可以炒西红柿、蒜薹一起炒等。如果到什么蔬菜也没有了的地步，可以和着油单炒鸡蛋，盖在米饭上。鸡蛋的香气被米饭的热气带出来，吸一吸鼻子，好一件人生快事！

写于 2016 年 1 月

路远就早一点出门

　　想从事咨询工作的念头，大约是我从大二开始萌生的。

　　这是一份多么好的工作啊！能让初入社会的我体验不同的行业，与公司高管们打交道，全世界到处飞，而且收入也不少。可是我的劣势又那么明显，英语说得不是那么地道，工科背景让我对商业不甚了解，而且只有极少数雇主愿意为本科生办理工作签证。对于战略咨询师来说，能说会道、擅长沟通尤为重要，即使是在康奈尔大学，每年也只有很少的国际学生能拿到 offer。

　　要做咨询，首先要克服的就是语言关。我意识到，不能仅仅满足于做一个"英语达人"，还要说一口流利的美式英语。从此，我便成了 Youtube（一款视频软件）的常客，每周都看各种教程，不仅学工作用语，也学日常俚语。我甚至还买了一本美语口音的书，跟着光碟细细地打磨自己发音的细枝末节。

　　接下来需要培养专业能力。我在手机上订阅了《华尔街日报》和《纽约时报》，要求自己每天至少看完商业版的头条。这仿佛让我回到了高中背英语单词时在公交车上看一条、在食堂排队时再瞟几眼的状态。我参加了学校的咨询俱乐部,心甘情愿地向身边的每一个人学习:A为什么领导得让人心悦诚服,B如何把工作计划得井井有条……大三实习没有申请到任何一家美国公司,没关系,我回国找一家国内公司。

这是一场长达两年的持久战。我越来越发现,这不仅是一场能力的较量,更是一场意志的考验。虽然偶尔会有结果,但更多的时候是等待,我能做的只是在发现新的机会时投两封简历,保证申请不断档。在整个过程中,给我最多磨炼的莫过于结交人脉(networking)。

由于早早意识到没有几个能给我信息的业内朋友,我从大三一开始就按照校友录一个个发邮件过去,询问能不能打电话聊一聊。校友中有一半人会同意,而这总是让我既开心,又痛苦,因为直到电话拨出前的那一刻,我心里都像压了一块大石头一样焦虑。我会把手上的咨询问题词演练一遍又一遍,直到冷汗让纸张变软。

尽管如此,初次的交谈就像灾难,想必电话那一头的校友早已把我干巴、颤抖的声音听得一清二楚。也正因为如此,当招聘季来临,所有人都开始在网上投简历的时候,我已经打出几十个电话,约人喝了十几次咖啡了。终于,在电话里,我的声音不再颤抖,也不再没话找话,而是可以真正地在他人面前谈笑风生地推销自己了。最后能拿到德勤公司在纽约的全职offer,我感激这两年的准备。很多人来问我秘诀,其实哪有什么秘诀,无非是在认清自己的劣势之后,更加勤勉地早做准备而已。

每当这时,我就会想起一个男孩子,想起那一刻给我的震撼。当时正逢大一暑假,我在北京的一个留学教育机构做SAT老师。有一天,我路过新东方大厦,看见门口有几位带着大包小包的家长和孩子。其中最惹眼的是一对母子。男孩子的肤色可以用"黑黢黢"来形容，而母亲的脸色很黄，疲惫而深沉。这么早，领队还没有来，他们俩在离人群不远不近的地方，沉默地坐在大小不一的编织袋上。

出于好奇，我问了周围的人，得知这是新东方 SAT 住宿班的学生正在等待集合，坐大巴去北京郊区。我又得知他们的家很远，怕错过了集合时间，坐了提前一班的火车到了这里。他们看上去很内向，也很沉默，红白相间的编织袋让我一直无法忘记。

我不知道这个男孩最后有没有考上自己心仪的大学，但是，至少他提前出门了，不是吗？路远，就早做准备，宁可早到也不要错过机会。能握住的机会不多，就把现有的机会抓紧。我那天上课时，给我的学生分享了这个场景，他们听得很认真。其实路远路近只是相对的，人不可能永远处于优势地位，也不可能永远处于劣势地位。我只是希望，当某天他们发现自己面前的路途漫漫时，也可以勤快一点，早点出门。

写于 2016 年 1 月

223

万年老二

从小到大，我一直是家里的万年老二，可谓是一人之下，一人之上。前者是我妈，后者是我爸（当然，这仅仅是对于"铲屎官们"来说，要是算上了猫主子，那我们都得后退一名）。我一直很安于自己的位置，因为我既可以狐假虎威地欺负老爸，还不用承担一家之主的责任。

上了小学，我既不是调皮捣蛋的"天才"，也不是严重偏科的"怪才"，而是老师、家长最喜爱的"全才"。当然，我因为这份喜爱也承担了不少作为"别人家孩子"的烦恼，在此先按下不表。但总体来说，我的策略还是利大于弊的：维持在前三名的综合成绩让宾主尽欢，而"点到为止"的努力又不至于把自己累坏。虽说没有一科成绩特别拿得出手，但从小就能如此中庸地规划统筹，也不枉自己十几年以后选择"运筹学"这个专业。很多年以后，我了解到山东省的经济方针就是"各区域均衡发展"，于是我不禁又给自己当年能够"运筹帷幄，决胜千里之外"的机智点了一个赞。

其实小孩子是最聪明的，因为在大人们还意识不到这一点的时候，他们就能悄悄地在旁边观察，凭直觉计算着自己的付出与回报，反复尝试，直到达到性价比最高点。如果付出小于回报，他们就多上进一点，以便尝到更大的甜头。如果付出大于回报，他们下次便不做这不划算的买卖。

上初中时，我是我们班的宣传委员，画板报这种差事自然就落在了我的身上。我会写书法的消息不胫而走以后，大家总用惊叹的目光看着我在黑板上"提按顿挫"。但我在书法方面着实是一个"二半吊子"，也就能借助隶书的"小众"优势糊弄一下旁人，所以当老师发现班里有一个书法功力浑厚的男孩子时，就委婉地夺了我办板报的权。

"万年老二"的外号是父亲赠送的，因为我上高中时是班里的副团支书，是学校里的学生会副主席、留学生会副主席。虽然这是货真价实的嘲讽，但我宽宏大量，并未予以追究。"万年老二"的麻烦来得也很快，到了留学申请季，辅导老师再三强调一定要在留学文书里讲故事，讲自己最投入的社团或爱好。这下愁死我了，因为我尽管多个社团均有涉猎，却没有一个最"投入"的课外活动。反观各种主席、班长，虽然也许成绩一般，但领导力是响当当的。我身边一个像小熊维尼般圆融憨厚的男生，也因为打游戏打出了心得、打出了境界，被心仪的计算机系提前录取。

在申请季结束以后，我没有申请上最想去的耶鲁大学，但我本着"输也要明白为什么"的原则，细细研究了耶鲁历年的文书范例。那些被录取的学生虽然文化、家庭、种族各不相同，但是他们有一个非常显著的共同点，那就是他们对自己写的主题特别狂热，那种扑面而来的狂热感甚至能感染我这个局外人。

我终于明白自己的文书缺少什么了，我没有那种真心的狂热和付出。钢琴、书法、跆拳道、读书、帆船、羽毛球、乒乓球……这么多年以来的众多爱好，我都只能腆着脸说"略懂皮毛"，而这自然逃不过申请官敏锐的眼睛。我后来觉得，其实上好学校和打游戏一样，各方面都"优秀"的玩家数不胜数，但是各方面都优秀还不够，有些人把某一方面做到了极致。就像你如果选择当剑士，就要努力提高自己的武力值；你如果要当琴师，就得学会加血。一个攻击能力和治疗能力都"中等偏上"的玩家永远找不准自身的定位，也见不到最后的大boss（终极怪物）。

感恩节期间，我在两款包之间纠结，原因是它们很像，其中一个包只多了一个精妙的流苏配饰，但价格贵好多。我后悔自己最后为这个配饰平白掏了那么多钱，于是和一个学奢侈品管理的同学抱怨。她大笑说这太正常了。她说奢侈品的基本理论就是，在设计或者质量上实现 1% 的提高，往往是拿 10% 的价钱换来的。虽然这看上去是店大欺客，但实际上是因为，当一个商品已经足够好时，厂家要努力更多才能换来一点点的进步。正是这一点点，区分了普通商品和奢侈品、流行与经典、优秀与卓越。如果一个客人不够坚定，他可能就会满足于那个"足够好"的普通商品，但真正的奢侈品目标客户，赏识的往往就是那 99% 之上的 1%。

她的这一番话，让我多年的困惑得以解答。的确，在 99% 的基础上提高 1%，也许是一件降低性价比、非常不划算的一件事。但正是因为这"不划算"，才让愿意付出百倍努力的"傻子们"脱颖而出，成为各行各业的精英。最终的结果则像马太效应所说的那样，广大的 99% 们失之毫厘，谬以千里。因为他们拥有了绝佳的性价比，却独独缺少了那"傻里傻气"的 1%，结果只能沦为像我这样的"万年老二"。

写于 2016 年 1 月

信息是财富

前几天在纽约机场落地，碰到一件好玩的事儿。

我每次从机场回市内都坐一个叫 Airporter 的大巴车。这个大巴车的优点是非常便宜，只要 17 美元，可谓是我过去四年里的救星；缺点就是比较难找，不像出租车那样醒目和招手即来，它需要乘客在特定的时间、地方等候。这次我是从一个不熟悉的航站楼出来的，一下子找不到常坐的大巴车站了，于是跑回航站楼里找人问。

穿荧光绿马甲的保安听了我的问题后，伸手示意他身边的一个穿便装的男子带我出去。从穿着上看，那个人不像机场的工作人员，我半信半疑地由他带出去，结果他一张口我就知道了他的目的。

他说："按理说这就是站点了，但是可惜这么晚了已经没有车了。"说完一脸遗憾地看着我。而我之前在网上查过时间表，又有过被保安和黑车司机联手骗过的经历，瞬间明白了这两个人的阴谋。

于是我朝这个大叔甜甜一笑，说："这个您就不用担心啦，我提前在网上查过，最晚一班车在 15 分钟以后到呢！"15 分钟以后，大巴车载着我绝尘而去，空留保安和黑车大叔惆怅地看着大巴车的背影。我坐在车上想：假设我不知道大巴车的出发时刻，那这次是不是就会被骗呢？获取这个信息顶多需要耗费一点手机流量，意义却是重大的：我既不会被黑车司机坑 80 美元，又避免了安全隐患。信息即财富，但又重于财富，因为它往往能帮你获得成倍的收益。

说起关系，从广义上是指人与人之间的纽带。除了家庭关系以外，一个人还可以有很多种关系：大学同窗知道你很有能力，有机会就会通知你；同宿舍的学友一起疯玩了四年，结下了深深的情谊，真心希望你过得好；共过事的工作伙伴同在一个圈子，有需要就互相帮忙……我从入校的第一天起，校长提醒、老师叮嘱，在校期间一定要多认识新朋友，多帮助他人，多寻求帮助，建立良好的人际关系。

我能在纽约找到心仪的工作，多亏有许多从康奈尔大学毕业的学哥学姐的指点和建议，而当我"成功晋级"以后，同样积极地指导学弟学妹，帮助他们获得理想的机会。这既是感恩，也是反哺，也会让自己有意想不到的收获。

写于 2014 年 3 月

独操命运的小船

经过漫长的进化，人类终于从原始丛林里披着兽皮的野人变成了如今西装革履的文明人。我觉得，在某种意义上，人类对体育的爱好出自基因里的返祖情结，也是向遥远的祖先致敬。我们的祖先，在没有任何电力的情况下，仅凭水、火、木和风，就能食可果腹、衣可蔽体、远行千里。

这也是我喜欢帆船的原因。一艘船静静地停在港湾里，没有马达，等到风速合适，你决定出海，把厚重的帆从船舱里抱出来，挂上钩子，猛一拽绳，遥控船舵，小船就晃晃悠悠地载着你飘走了。四处相望，水面上只有你，你得通过风向来判断把帆布调整到哪个方向。在这里，一个人在船上四仰八叉、翘着脚喝着美酒的情景并不存在，因为你得随时保持机敏，以免错失良机，避免让船倾覆。在令人焦头烂额的操作中，你终于体会到了我们祖先的那份挥之不去的危机感——水能载舟，亦能覆舟。获取自然之力的前提便是把自己置于风险之中。

我现在知道帆船之所以叫帆船，是因为它很容易"翻"！在上康奈尔大学的帆船课以前，我从来没有一个人完完全全地掌控过帆船。高中时在青岛学的单人帆船虽然由我独立操作，但有教练驾着摩托艇在我附近传授操作指令，而且学员们互相离得不远，可以彼此照应。

在康大上的中型帆船课更是让人感到安全。我们上第一节课时就得到了保证，这种龙骨大船很难翻掉。况且，一个船上有四个学员和一个教练，教练保证每一个操作的正确性，也可以力挽狂澜。

帆船课结束后，教练说我们只要有空，就可以来康大的湖上免费练习。这样的好机会我怎么能不抓住？我和我的朋友挑了一个阳光明媚的天气，高高兴兴地决定试水。因为这是我们第一次独自下水，教练不放心，站在湖边目送着我们。

哎呀！平时看起来那么简单的操作今天怎么如此复杂？在教练的口头指导中，我们终于摇摇晃晃地升起了帆，离开了泊位。来到湖中心，风突然大了起来。远处，教练吹了一声口哨，急切地挥着胳膊示意我们离开浅水区。我有点慌，示意朋友配合我转向。我们两个人手忙脚乱地把船往反方向开去，但增强的风吹着小船越走越快、越开越斜。我和朋友开始害怕起来，因为她坐在下弦，后背能碰到波浪，而我坐在上弦，基本上已经和湖面呈 45 度角。虽然心里知道船不会翻，但是这种直观的生命威胁太可怕了，我开始病急乱投医地推拉船舵，也许某一次的推拉起了作用，小船终于渐渐回到水平面上了。

我和朋友一时谁也没有说话，上岸后两人开口说的第一句话都是要回去找教练。我们归心似箭，把船开到泊位，见到教练就像见了亲人般激动。出乎我的意料，教练没觉得我们曾遇险境，只给我们指出了几个小错误，再次保证船不会翻，然后就鼓励我们继续开。

第二次出港，我们镇定了许多，之前的互相埋怨没有了，多了几分担当。我如同一个盲人来到了原始森林，前方有猛兽，后方没退路，只能摸索着向前走，既要摘下鲜美的野果，也要警惕猛兽和毒蛇。想通这点，我反而安心下来，摒弃所有的杂念，把全部精力集中到耳边的风、手中的舵和眼前的这艘小船上。

自从我开始玩帆船，从没像今天这么累过，浑身酸痛，指甲裂了，手也破了皮。教练说我这么累才是正常的，因为玩帆船从来就不是一件轻松的事情。如果我之前觉得轻松，那是因为教练在帮我承担那份重责。

再问自己，我的生活从来都是轻松而愉快的，那是否意味着有人一直在帮我承担着生活的重担呢？想了一想，还真是这样。在 16 年的学生生涯里，父母工作挣钱，帮我提前筹划好下一步，我只要按照既定计划前行便是。

想到这里，我不禁对学生时代即将结束产生了一丝恐惧，而这曾经是我万分期盼的事情。工作以后，生活完全由我掌控，我想要生活的小船往哪里走，它就会往哪里走。但我忘记了，生命有其不可承受之重。这种完全的自由意味着没有人再来解答我的这些问题：我做错了吗？那怎么样做才是对的？我现在该怎么办？船会翻吗？

就像那个懵懵懂懂闯进原始森林的盲人，我已无退路。生命的齿轮早已开始转动，而我也半推半就地来到了人生的路口。既然如此，我镇定下来，不再害怕承担自己的责任。还有两个月就毕业了，从现在开始，我必须为自己计划未来的航线，独操命运的小船了。

写于 2016 年 5 月

天鹅何以优雅

2016 年 3 月 10 号，我经历了极为疯狂的一天。

6:00　起床，简单洗漱完毕，去学校住宿部排队，给来参加我毕业典礼的家人预订学校的招待所。

7:00　成功地订上了最好的房间，吃早饭。

8:10　上午连续上三节课。

12:30　上午课结束，吃午饭，顺便复习下午的考试。

15:30　下午考试开始。

17:30　考试结束，我提前交卷，冲回宿舍，打包。

18:00　打包完成，拖着行李箱打车去镇中心的大巴站。

19:00　坐上去罗切斯特市的大巴，在上车之前成功买到一个热乎乎的三明治。

21:30　到达罗切斯特市。

22:30　到达预订酒店。

23:00　关灯，睡觉，为第二天的 GMAT 考试养足精力。

第二天中午，我在罗切斯特考试中心完成了GMAT（美国商学院标准考试）的机考，在点击"提交"的一刹那，750分的总分就出现在眼前。这次考试总分为800分，750分的成绩超过了历史上98%的应试者，也超过了哈佛商学院每届学生的平均入学成绩。我对这个成绩很满意。

回到学校以后，大家在恭喜我的同时不禁好奇我是怎么准备的。我的一个好朋友疑惑地问我："三周前你才萌生了考试的想法，怎么一下子神不知鬼不觉地就考完了？"

我哈哈大笑说："当然啦！因为我就是三个周以前开始准备的啊！"

她瞪大了眼睛说："什么？你一共就准备了三个周，还是在每周都有期中考试的情况下。大家都是用整个暑假去准备的。"

我不禁莞尔。要在以前，我也相信只有长时间地投入一件事，才能获得好的结果。要在以前，在已经有很多任务的情况下，再抽出时间应付这么重要的考试，我肯定不愿意。但在康奈尔大学学习生活的四年中，我逐渐发现了意志的神奇之处。

我发现，每当我任务满满的时候，往往能高效地完成每一项任务，每天像打了鸡血一样。反而当我松懈下来，或者给自己充足的时间来做一件事时，我就会先拖延，再慢吞吞地开始，东张西望、心猿意马，直到最后关头才慌张潦草地做完，做得还不尽如人意。

经常和身边同学聊天，大家普遍反映，大学好像滋生了一种"deadline-oriented mentality"，翻译成中文就是"截止日期是第一生产力"。即使教授在学期一开始的时候就布置了期末论文的命题，没有多少人会在期中之前积极行动起来。大家总是觉得那个截止日期还远，先处理马上需要完成的任务，即使这些当下的任务并不重要。所以，大家每天都疲惫不堪，觉得自己像超人一样完成了许多工作，但当真正重要的截止日期到来的时候，我们发现自己依旧是毫无准备，必须在巨大的压力之下把任务应付过去。

我的大学前半段就是这样灰头土脸地度过的。早上匆匆地走过无心观赏的美景，晚上像一条死狗一样倒在床上不想起来。如果那个拍过"凌晨五点的哈佛图书馆"的摄影师也来康奈尔的图书馆拍一拍，肯定也能拍到我。然而这种感觉并不好，我疲惫，因为身心一直处在巨大压力的煎熬之下；我拖延，因为潜意识想逃避压力；最重要的是我愧疚，因为拖延的同时我明白，自己只是在饮鸩止渴，事情只会因为我的拖延而越滚越多。这种愧疚感是最伤人的，因为它一直在我耳旁轻诉："你真是一个懒孩子，你没有做完你该做的事情，你应该从现在开始弥补啦！"

我玩也玩得不痛快，学也学得不专心。

神奇的是，我身边总是有那么一两个"神人"：他参与的事情很多，可平时也没见他怎么用功，但他总能样样不落地把事情做好。我还有一位"神人"朋友，每当我心急火燎地问他明天要交的作业怎么做时，他会说："哦，那个作业我已经交了，没关系，你把题给我看看，我回忆一下……" 但他并不是整天闭门读书的书呆子，每年他总是担任一两场音乐会的小提琴独奏，天气好的日子经常见他在草地上玩飞盘（Frisbee）。

现实的落差太大，所以我对这件事情的唯一解释是，我们属于不同物种，不能类比。有一天晚上，我叫这位大神出去看电影，他说他约了导师讨论论文，去不了了。我好奇地问是哪篇论文。他说是我们共同上的一门课的论文。

我惊叹："什么？现在才开学啊！那篇论文期末才交啊。"

大神腼腆一笑："是啊，但是我想现在就开始规划思路，寻找素材，早做完早没事儿呗！"

我终于发现，原来真的有人在任务刚下达的时候就已经开始万里长征第一步了。原来这就是他始终像天鹅那般从容的原因——正如天鹅扑腾的脚蹼在水下一刻不停地忙活，他不说，大家看不见。

这就是为什么当我朋友惊讶地感叹"没有看你怎么学GMAT"时，我会微笑。真正决定从现在这一刻就抓紧时间的人，是没有时间向全世界通告的。就像在朋友圈里大呼小叫要"从今天开始减肥"的人，往往不能连续去健身房一个周。这个学期，我保持了所有课 A 以上的成绩，考了GMAT，考出了纽约州驾照，策划了毕业后的全家人美国游，同时度过了有史以来玩得最疯的一个学期。

如今，当我也有了像"大神"一样的从容姿态，我才终于明白，与其临渊羡鱼，不如退而结网，打井最好的时机是在口渴之前。

写于 2016 年 3 月

重要的是加速度

　　高二的一个下午，母亲大人领着我坐了半天的动车，去北京见一个据说"特别厉害的留学老师"。刚进高老师办公室，就看见他身后挂满了世界顶尖大学的小旗子，很多顶尖大学里都有他的学生。而那时的我，手上只有一张 SAT 1920 的成绩单，比起很多已经考了2200+，来这里只为强化提高的高手们，很不起眼。

　　谁承想，就是那个我曾经以为只是匆匆路过的地方，给了我 SAT 2320 的惊喜，告诉我康奈尔不只是皮鞋品牌，并最终让我站在了曾经仰望过的讲台上。而那个像集龙珠一样集小旗的"特别厉害的留学老师"，也成了我人生道路上的良师益友，他在我申请纽约的 strategy consultant（战略咨询师）全职工作时不断地为我出谋划策。最重要的是，这段经历让我比谁都更相信努力的意义。

　　第一天上课，美籍华人老师 Michael 风风火火地走进教室，叽里咕噜地说了一堆，然后就出去了！我当即傻了眼，问旁边同学，才知道计时已经开始，我们要在规定时间做完眼下这套阅读文章（后来证明他当时也没有瞎咕噜，那是纯正的加州口音）。

事实证明，我在 SAT 班里的难题就是时间不够、错题不缺。为了克服这个困难，我如同钻牛角尖一般分析每篇文章，把每个生词的翻译写在旁边。我用红笔标得满篇缭乱，就换蓝笔，终于明白了每一道题的对错。当时我们每人都有一本官方的 SAT 指南，却从没有人错拿过我的，每张被我"钻研过"的书页，都因为我来回翻看而有些发乌，书的侧面灰一半白一半。

在北京的那六个月里，我看着那本能砸死人的大厚书从半灰半白变成了全灰，而后变成墨色。同样的，老师发的 3500 张巴朗词汇卡原本锐利得能划破手指，后来被我摸得愈加圆润。朋友都笑我说，如果不上大学，我应该去给古董做旧。

当我再一次从香港考场回来，我惴惴不安的心一直没有放下过，总觉得自己这儿也错了，那儿也错了。查成绩的时候，我点开页面，首先捂住了成绩所在处，然后睁一只眼，打开一条指头缝，身体后仰得离屏幕好远，仿佛这就能改变什么似的。当我确认自己的成绩离满分就差 80 分，是整个班里最高的成绩时，我觉得天道酬勤，古人诚不我欺。

从班里毕业的那一天，一位"大神"送了我一张贺卡，上面写着：You may not have run the fastest, but you have the best acceleration（也许你一开始跑得不快，但是你的加速度真的很大）。

的确，班上的同学都很优秀，有人通读英美名著，有人能说一口地道英语。我能做的，唯有每天 7 点准时从六环的出租屋出发，按时上课，不迟到，不早退，晚上回到家以后整理完一天的习题再睡觉，在地铁上抽空背单词，循环反复。我的初始速度不快，唯有用巨大的加速度赶上来。幸运的是，重要的恰恰是你的加速度。

结合我后来教 SAT 的经验，我给准备考 SAT 去美国留学的学弟学妹们提供以下建议：

制订切实可行的学习计划

你的强项和弱项只有你自己最清楚，所以做计划时要针对自己的弱点。同时不要制订超出自己能力的、高不可攀的疯狂计划，否则你要么会在短时间疲劳，要么会因为完不成计划而不开心，从而全盘放弃。

适当给自己奖励

大家千万不要抱着视死如归的苦行僧心态学习，因为如果在学习中完全没有感受到快乐，你就不会有兴趣深挖难题背后的知识，也不会兴致勃勃地收集写作素材。如果你今天的模考分数过了心理预设线，或者终于写完了一篇作文，就给自己买个冻酸奶吃吧！

要么不做题，要么做好

我个人并不推荐草草把一套题做三遍，试图以数量代替质量的方法。真题、好题是有限的，如果不走心，那这套题就等于浪费了。我们应该把每套题的效果最大化：认真做一遍，然后用剩下两遍的时间仔细分析、梳理，遇到不懂的地方，要去问别人，直到完全掌握。在你还能记住具体题目的时间里不要再做这套题。

写于 2016 年 1 月

后记

陈彧

这本书最终能够完成和出版，我真心为我妈妈自豪。

从我有记忆开始，她就是一名文艺女青年。文字不仅是她的工作，也是她的爱好。中秋佳节，兴致上来，她会挥挥洒洒地写下1000字，并且在那个互联网还不发达的年代打印出来，在大家庭内部传阅。十几年下来，厚厚的文件夹里装满了她的文章，专门用来收集她在报纸上发表的小豆腐块文章。有一本完完全全属于自己的书面世，是这位文艺女青年的终极梦想。

她不仅是一名文艺女青年，还是一个非常执着的人。我的倔强也大多来源于此。当我妈第一次跟我说要写一本书，并且也要我写些文章时，我其实有些不以为然。一个出版社给一个无名作者出书是一件多么不容易的事，所以我觉得她只是说说而已。直到后来我才意识到，我妈在大事上何时只是说说。她想去西藏，就组织了一次卡内基之友西藏行，回来后还自费出版了一本游记；她要在书法上精进，就真的拜师学艺，参加展览。而对我影响最大的一件事就是她在我上高一那年，替我推开了赴美留学的大门，让我看到了不同的世界。

现在，这本书终于要丑媳妇见公婆，接受大家的检阅了。我从当时的旁观者变成了今日战战兢兢的作者。书里的文字记载着我的学生时光，是一部分的我，不论是那些好的事，还是那些内心挣扎的、难以启齿的事，都是真实的，所以自然希望大家能够认可。

我在去年本科毕业，入职已近一年，完成了从留学生到职场新人的华丽转身。与各式人生轨迹交叉，我最大的变化就是真正开始关注我要什么。如果说大学期间，我还非常介意自己怎么和周围人看齐、怎样成为羊群里最好的，现在的我开始意识到人和人如此不同，与其和周围人横向比较，不如以自己为坐标，和以前的自己纵向比较。在德勤咨询公司竞争最激烈的纽约总部和录用最严格的管理咨询部门，我作为100多个新人里唯一的一名中国员工，每天都能发现身边同事的优点和自己的不足。但这些已经不再使我沮丧，因为一旦我不再横向比较，而是专注于自身，差距就不再是懊恼的源泉，而是进步的催化剂。我要做的就是找到自己的价值，发掘自己的天赋，学习要收进百宝箱的技能，然后像海绵吸水一样从周围吸收养分。

记得最近有一篇关于闫妮的采访，她提到一位曾经很有志向的同学，现在每天专注于研究土豆丝的各种炒法，乐此不疲。闫妮觉得那盘土豆丝很好吃，但对她来说更重要的还是"精神上的一种东西"。我读到以后深以为然。当大家终于完成了大学的教育，有了可以做出自己选择的自由，有人选择生活，有人选择青春，有人选择爱好，而我选择一种理想。既然我仰慕高山，为什么不自己试一试，看看能蹦多高？在人生最有可能的阶段探索自己的极限，又何尝不是一种刺激的自由？人有退路，有依靠，胆气就足。所有的刻苦和努力都是对自我价值的证明。也许这种自由的代价就是更多的迷茫和痛苦，是一个又一个不眠夜，但是收获的一点点的进步都意味着激动、喜悦，还有锻造过后的自信。

然而这本书最让我期待的，还是看它能不能带给学弟学妹启发。也许你已经发现了，我在求学和求职的过程中有迷茫，有摸着石头过河并且蹚过去的喜悦，还有没蹚过去的挫败。如果你也不知道该如何面对选择的压力，如果你也觉得长路漫漫看不到头，那么希望你能从这本书里找到一个同路人。这将是我最高兴的事。

陈 彧

2017 年 5 月 8 日于纽约

卡内基训练® 简介

卡内基的诞生

· 1912年　戴尔·卡内基在纽约市开始授课
· 1936年　戴尔·卡内基著作《卡内基沟通与人际关系》成为畅销书

放眼国际

· 1975年　卡内基训练®取得ACCET（继续教育与培训协会）认证
· 1984年　艾柯卡在自传中强调他的成功来自卡内基训练®所学的沟通能力

迈向中国地区

· 1987年　黑幼龙先生在中国台湾地区创办中文卡内基训练
· 1990年　戴尔·卡内基被《生活》杂志选为对美国最有影响力的100位人物之一
· 2000年　戴尔·卡内基著作《卡内基沟通与人际关系》被英国航空杂志选为"世纪首选商业书"

前进发展

· 2008年　股神巴菲特在自传中将他的成就归功于卡内基训练®所学的沟通能力
· 2009年　《中国环球时报》将戴尔·卡内基先生选为影响新中国的60位外国人之一，卡内基先生排名第18位
· 2010年　卡内基训练®的"成功秘笈"成为iPhone最畅销的商务应用程序
· 2012年　卡内基训练®成立100年。历经了一个世纪的考验，100年来累积了丰富的培训经验，形成了规范的教学准则
· 现在　　卡内基训练®在全球有超过900万毕业学员、3000位讲师，在90多个国家和地区用40多种语言提供服务

★ **戴尔·卡内基的母校——美国的中央密苏里大学（University of Central Missouri）为纪念这位杰出校友，特别在全球推出：凡参加卡内基训练®，并符合毕业要求的同学，均可获得相应的课程证书，此证书可申请抵扣相关大学或学院的学分或学时。**

（中央密苏里大学学分证书）

（卡内基训练®毕业证书）

UCM Certificate Programs

上图为陈彧上高二时在卡内基分享会上做演讲

    青少年时期是人格养成的重要时期，卡内基训练®青少年课程帮助青少年朋友培养受益一生的关键能力：

- 面对挫折、挑战的自信

- 对人、对事积极正向的态度

- 更关注、关心他人

- 与同学、家长、老师愉快相处和合作的人际关系

- 加强沟通技能、说服力

- 加强情绪管理，提升抗压力

- 提升自我管理能力

- 发展领导力、影响力

- 成为更感恩的人

- 对未来更有愿景和目标

决定孩子一生的不是学习成绩，而是健全的人格修养。

——《中国人的修养》 蔡元培

一般来说，

你能对自己做的最好的事，

就是尽可能地提升自己的能力。

任何事情都可能发生，

但是你学到的能力是别人拿不走的。

卡内基改变了我的人生，

比任何大学学位都更有价值。

——沃伦·巴菲特

股神沃伦·巴菲特在21岁那年，因为害怕团体沟通，报名参加卡内基课程。沟通能力与情商的提升，改变了他的一生。在其自传《滚雪球——巴菲特和他的财富人生》中，他多达16次提到卡内基训练®带给他人生的帮助。

卡内基训练®各地分支机构不定期举办课程体验会，该活动价值500元。凭本书可免费参加卡内基训练®体验会，进一步了解巴菲特同款课程，与股神师出同门！

本活动完全公开、免费，只须提前致电预留席位。

卡内基训练® 中国官方授权分支机构

山东
400-827-0997
http://www.sdcarnegie.com
青岛市市北区敦化路328号诺德广场A座704室

北京
(010)5830-1301
http://www.carnegiebj.com
北京市西城区西直门外大街1号院西环广场2号楼7C2室

天津
(022)2827-9022
http://www.carnegiebj.com
天津市河西区马场道59号平安大厦A座2605室

上海
400-920-8680
http://www.carnegiechina.com
上海市四平路1398号同济联合广场B座1205室

江苏
400-630-1598
http://www.carnegiechina.com
苏州市工业园区苏雅路388号新天翔商业广场A座1506室

浙江
400-667-0737
http://www.carnegiechina.com
杭州市体育场路105号凯喜雅大厦13F1304室

广东
(0755)3331-9799
http://www.carnegiechina.com
深圳市南山区高新南区粤兴三道6号南京大学产学研大厦B402

广州
(020)3738-3821
http://www.carnegiechina.com
广州市黄埔区香雪大道中81号广州国际人才城

图书在版编目（ＣＩＰ）数据

从卡内基到常春藤 : 好性格让孩子受用终生 / 谷永青 , 陈彧著 . -- 青岛 : 青岛出版社 , 2017.6
ISBN 978-7-5552-5548-2

Ⅰ . ①从… Ⅱ . ①谷… ②陈… Ⅲ . ①家庭教育 Ⅳ . ① G78

中国版本图书馆 CIP 数据核字 (2017) 第 133029 号

书　　名	从卡内基到常春藤 —— 好性格让孩子受用终生
著　　者	谷永青　陈　彧
出版发行	青岛出版社
社　　址	青岛市海尔路 182 号（266061）
本社网址	http://www.qdpub.com
邮购电话	13335059110 （0532）68068026
责任编辑	尹红侠
责任校对	赵慧慧　王　韵
摄　　影	熙嘉贝勒摄影工作室
封面设计	祝玉华
照　　排	祝玉华　张采薇　刘　欣　林文静
印　　刷	青岛双星华信印刷有限公司
出版日期	2017 年 7 月第 1 版　2017 年 7 月第 1 版第 2 次印刷
开　　本	16 开（710 mm × 1000 mm）
印　　张	15.5
字　　数	200 千
印　　数	6001-10000
书　　号	ISBN 978-7-5552-5548-2
定　　价	39.80 元

编校印装质量、盗版监督服务电话　4006532017　0532-68068638